Martin Korpowski

Ich bin doch kein ZUFALL!

Warum mir alle Dinge zum Besten dienen

martonius

TONSTUDIO ■ HÖRBÜCHER ■ BUCH- UND MUSIKVERLAG

Herausgegeben von: Verlag martonius

Satz und Cover: Martin Korpowski

1. Auflage 2021

ISBN-13: 978-3-949073-113

www.martonius.org

Martin Korpowski

ICH BIN DOCH KEIN ZUFALL!

Warum mir alle Dinge zum Besten dienen.

Meinen wunderbaren Söhnen Maximilian und Friedrich gewidmet.

Martin Korpowski

Ich bin doch kein ZUFALL!

Warum mir alle Dinge zum Besten dienen.

Inhaltsverzeichnis

Wir wissen aber, daß denen,
die Gott lieben,
alle Dinge zum Besten dienen,
denen, die nach dem Vorsatz berufen sind.

Die Bibel
Römer 8,28
(Übersetzung nach Martin Luther)

1. Vorwort: Warum das Ganze?

Ja, zu oft steht uns diese Frage im Weg - ein Leben lang. Viele Mütter sind stolz, wenn das Kind als erstes ´Mama´ sagt. Viele Väter sind stolz wie Atze, wenn das Kind zuerst ´Papa´ gesagt hat. Viele diverse Eltern werden stolz sein, wenn das Kind zuerst ´Divers´ sagt. Nun, ich glaube, das kommt nicht vor.

Das eigentliche Wort, was jedem Kind als erstes auf der Zunge liegt und noch nicht so perfekt gesprochen werden kann, ist: Wahumm. Diese Wortandeutungssilben entwickeln sich mit dem Kind zum Ausdruck neu- und wissbegierigen Lebens: Warum. Es ist die Frage, die Kinder antreibt auf der Suche nach dem Sinn in den Dingen zunächst in ihrer ganzen Kindheit, denn sie wollen begreifen und tun es auch. Wenn Kinder den Begriff begreifen begriffen haben, dann wird in der frühjugendlichen Phase das Wort Warum oft zur trotzigen Waffe: Warum ich, warum der nicht, warum darf der, warum ich nicht. Man fühlt das Warum in Form von eingebildeter, ungerechter Behandlung. Man fühlt sich gegängelt und gedrängelt. Und tatsächlich drängt uns die Frage Warum hinein in die Sinnfrage des Lebens: Warum das Ganze? Was hat das alles für einen Sinn? Ist es einfach nur Zufall, dass es mich gibt, so wie ich bin? Ist es Zufall, dass ich gerade hier lebe? Hat jemand meine Eltern für mich ausgesucht und die ganze komische Familie dazu? Ja, die Beantwortung dieser Fragen steht früher oder später an. Und ja: zu oft steht uns diese Frage im Weg. Warum?

Nun bin ich in einem christlichen, speziell katholischen Elternhaus aufgewachsen und so ist die Antwortfindung auf die Sinnfrage scheinbar einfach, denn da wird wohl aus Gewohnheit an Gott geglaubt. Diese Warumfrage muss man trotzdem irgendwann plausibel für sich ganz persönlich klären können.

Ich habe in meinem bisherigen Leben nie an Gott gezweifelt. Selbst wenn ich es getan hätte, so hätte ich nie an den Anfang die These gestellt, dass es Gott nicht gibt. Damit kann man nichts beweisen, sagt selbst der Naturwissenschaftler. Wer etwas beweisen will, muss immer an den Anfang die These stellen, dass etwas denkbar oder möglich ist. Sonst braucht man ja auch nichts beweisen, denn man hat ja überhaupt keine mögliche oder zumindest denkbare These. Ist also ein Atheist ein denkfauler Gegner naturwissenschaftlicher Herangehensweise?

Es ist sehr beruhigend, wenn man sich selbst nicht für einen Zufall hält. Es gibt eine eindrückliche, bildliche Gegenüberstellung eines Menschen mit einer LEGO-Figur. Die LEGO-Figur ist beschrieben mit: Hat einen Schöpfer. Über dem viel komplizierter aufgebauten Menschen steht: Zufall. Na ´irgendetwas stimpt da nicht´.

Ich glaube nicht an Zufälle. Und je älter ich werde, umso spannender wird es, diese scheinbaren Zufälle auf einer wie auch immer farbigen Linie des Lebens einzuordnen und zu sehen, wie alles zusammenpasst auf einem Weg der Berufung.

Mein zweiter wesentlichen Glaubens- und Lebensgrundsatz lautet: Gott ist gut, gut zu mir. Inzwischen habe ich auch die passende Bibelstelle dazu gefunden, die mir immer wieder Kraft und Hoffnung gibt. Sie ist im Römerbrief Kapitel 8 Vers 28 zu finden: „Wir wissen aber, daß denen, die Gott lieben, alle Dinge zum Besten dienen, denen, die nach dem Vorsatz berufen sind.“ Da ich - wie ich felsenfest behaupte - kein Zufall bin, hat Gott mich geplant. Also hat Er auch einen Auftrag, eine Berufung für mich. Und wenn ich Gott liebe, dann dienen alle Dinge mir zum Besten. Folglich diente alles, was ich im Folgenden erzählen werde, meinem Besten. Besser geht es nicht. Da wäre nur die einfache, aber bedeutende Frage, ob die schlimmen, unschönen, blöden Sachen in meinem Leben davon ausgenommen sind? Nö. Naja, vielleicht hat ja mein Namensvetter Luther nicht so genau übersetzt? Nö. Alle Dinge, also alles meint alles und es gibt keine Ausnahmen, keine einzige! Das ist eine Sicherheit für mein und auch für Dein Leben, das einen liebenden, himmlischen Vater verdeutlicht, der alles im Griff hat. Es ist ganz einfach, wenn man es einmal ansatzweise verstanden hat. Es bedeutet allerdings nicht, dass alles auch immer leicht ist.

Ich bin sehr froh, dass es mit Gott eine Autorität gibt, die größer ist als ich, die alles im Griff und die Kontrolle hat. Jemand, auf den Verlass ist. Ich möchte das auch sein, ich möchte so vieles sein und krieg doch so vieles nicht hin. Mein Denken und damit meine Möglichkeiten sind begrenzt. Für Gott ist alles möglich und wir hatten uns bereits geeinigt, das alles auch wirklich alles bedeutet. Insofern kann man das Wort unmöglich aus dem Wortschatz ersatzlos streichen. Nur weil ich mir mit den ungefähr anderthalb Kilogramm graue Masse unter der Schädelplatte etwas nicht vorstellen kann, soll es gleich unmöglich sein? Ja, ich bin beschränkt, auch wenn ich einen IQ habe, der für hochbegabt steht. Na und, das bedeutet erst mal gar nichts. Da komm ich gleich noch mal auf meinen Namensvetter Martin Luther zurück: Wenn damals in der Bibel was von Taschenrechner, Mondlandung, Elektroauto, Parteienfinanzierung, Handy oder Staubsauger gestanden hätte, er hätte es nicht übersetzen können. Das bedeutet allerdings gleichzeitig, dass dies alles biblisch gesehen keine Wichtigkeit hat.

2. Entstehung

Da ich wie bereits ausgeführt nicht an Zufälle glaube, bin ich also ein Planprodukt. Ich mache damit keine Anspielung auf die sozialistische Planwirtschaft, auch wenn ich in eben dieser Zeit meinen Ursprung nahm. Gott hat mich geplant. Wann genau Gott mich erfunden hat, dass vermag ich nicht zu sagen. Ich vermute, es ist eine ganze, lange Weile her, ohne dass ER dabei Langeweile hatte. Nun jedenfalls, als meine Eltern sich dann endlich gefunden hatten und vermutlich bissel Spaß miteinander hatten, bin ich entstanden. Im Juni 1968 erblickte ich das Licht des Riesaer Kreißsaals als erster Sohn, danach folgten noch 2, aber nicht direkt danach. Ich bin also kein Drilling, sondern nur ein Zwilling, was auf das Sternzeichen zurückzuführen ist, von dem ich allerdings nicht viel halte, da es einen abergläubischen Anstrich hat.

Meine Eltern hatten sich wohl früh auf einen Namen für mich geeinigt: ich sollte Thomas heißen. Das war quasi schon auf die Geburtsurkunde gemeißelt. Doch ein paar Monate vor meiner Geburt wurde mein Cousin geboren und der hat mir den Namen weggenommen, worüber ich persönlich allerdings niemanden böse bin. Ich hatte ja auch inzwischen genug Zeit, mich an meinen Namen zu gewöhnen, der dann eben auf Martin geändert werden musste. Gut, bei Martin kann man an Martin Luther denken, wobei das als ausgebildeter Katholik mit einem Nebengeschmack behaftet ist. Man könnte an Martin Luther King denken – steiles Vorbild. Ich muss oft an ein Pferd denken, auf dem der heilige Martin am 11.11., seinem und meinem Namenstag, dahergeritten kommt. Ich denke, es ist ganz automatisch und logisch, dass man als Martin bei jedem Martinsumzug gehofft hat, nicht vor all den Leuten auf das Pferd gesetzt werden zu müssen. Pferde sind mir selbst heute noch viel zu groß und unheimlich.

Ich habe im Laufe meines bisherigen Lebens immer wieder gehört und gelesen, dass es wichtig ist, woher man kommt. Klar, die Vorfahren und vor allem die persönlichen Eltern beeinflussen jedermanns Leben beträchtlich, soviel ist sicher. Die Taten meiner Vorfahren haben über Generationen Auswirkungen. Das sollte sich jeder klarmachen, weil ja fast jeder nicht nur Nachfahre ist, sondern auch selbst zum Vorfahren wird. Die Wirkung von Segen und Fluch über Generationen kann man auch in der Bibel nachlesen. Da steht im Alten Testament im 2. Buch Mose, Kapitel 34, Vers 7 (wie gut, dass das mal einer durchnummeriert hat, man würde ja sonst gar nichts wiederfinden):

„Gott bewahrt Gnade in tausend Glieder und vergibt Missetat, Übertretung und Sünde, und vor welchem niemand unschuldig ist; der die Missetat der Väter heimsucht auf Kinder und Kindeskinder bis ins dritte und vierte Glied.“ (Luther 1912)

Gut, dass das im Alten Testament steht und Jesus danach daran noch was drehen konnte mit Seiner Erlösung. Aber in jedem Falle haben unsere Entscheidungen eine Auswirkung auf Generationen.

Meine Großeltern stammen meist aus dem jetzigen Tschechien. Mein Opa und Familiennamensweitergeber stammt aus Pommern im jetzigen Polen. Er musste mit nach Stalingrad und hat dort ein Auge verloren und so höchstwahrscheinlich sein Leben gerettet.

Mich machen die Berichte aus Kriegszeiten ganz kirre und ich bin wirklich sehr froh, das nicht miterlebt gemusst zu haben. Auch Erzählungen meiner Großeltern, wie sie am 13.2.1945 vormittags durch Dresden in die neue Heimat gereist sind und so nur wenige Stunden vor der schrecklichen Bombardierung der wunderbaren Stadt irgendwie heil davonkamen, sind für mich, der ich doch so behütet aufwachsen durfte, ziemlich reichlich schlimm. Ich bin mir sicher, dass ein Teil dieser Kriegserfahrungen irgendwie mitvererbt wurde und ich deshalb keine Kriegsfilme anschauen kann. Es geht mir so nah – eigentlich sollte es allen so nah gehen, denn Krieg ist der größte menschliche Blödsinn. Und doch stehen wir immer wieder fassungslos vor solchen neuen Meldungen in der Welt. Frieda vor Greta wäre ein nachdenkenswerter Ansatz.

Also meine Eltern sind noch im Krieg geboren worden. Ich habe mir bis heute nicht die genauen Jahreszahlen gemerkt, so peinlich das auch ist. Ja, die Geburtstage selbst habe ich dann doch nie vergessen. Vielleicht ist es ja wirklich so, dass man so alt ist, wie man sich fühlt. Wenn ich mein Alter jetzt nachrechnen... – nee, im Gefühl oder im Geist bin ich einiges jünger, wiewohl der Bärenbody sagt: Jo, kann schon so alt oder gar noch älter sein ...

3. Pfarrer und Bauarbeiter – früh übt sich

Ich war wohl ein stilles Kind. Erstens sagen das alle Erzählungen von Beteiligten und zweitens kann ich mich auch nicht erinnern, mich jemals selbst mit Krach gestört zu haben. Ja, so habe ich mich dahinentwickelt. Nach anderthalb Jahren meiner Anwesenheit auf der Erde kam mein erster kleiner Bruder zur Welt. Dieser wollte es wohl immer etwas lauter haben – jeder, wie er es gerne hat.

Als ich im sogenannten Kindergartenalter war, brauchte ich nicht in die namensgebende Einrichtung gehen. Meine Mutter hat dann zwar wieder halbtags gearbeitet, aber jeden Werktag halb sieben kam meine Oma mit dem Bus die 10 km von Seußlitz, um auf mich oder uns aufzupassen. Das war eine sehr schöne Zeit mit dieser herzensguten Frau. Oft wurden mit allen möglichen Decken Buden in der Wohnung gebaut, nur montags nicht. Montags wurde Kirche gespielt, denn das war vom sonntäglichen Besuch in unserer kleinen, katholischen Kapelle noch ganz frisch. Also haben wir Pfarrer und Gemeinde gespielt. Da Oma sehr übergewichtig war, war ihre Rolle schnell klar. Sie spielte logischerweise die große Masse der Gemeinde. Ich war der Pfarrer. Knapp 50 Jahre später habe ich dann tatsächlich meine erste Predigt in einer Gemeinde gehalten. Früh übt sich…

Frohe Herrgottsstunde hieß eine mittwöchliche Kinderveranstaltung in der großen, katholischen Kirche in Riesa. In dem sogenannten Kindergartenalter sollte ich nun mit dorthin. Was war das für ein Drama, mich in das Auto zu verbringen. Manche zogen, andere schoben, alle redeten gut zu. Aber dann muss es mir dort gefallen haben, so dass ich freudig in einem meist überfüllten Auto zurückkam und eine Woche später wieder von vorn mit dem Trennungsschmerzzirkus beginnen konnte. Hinzu hat uns der Kaplan Liebe gebracht – mit dem Namen war der Beruf schon vorgezeichnet – und zurück kam ich dann mit dem lieben Kaplan. Man sagt, ich hätte dann zu Hause ganz viel geredet – danach war wahrscheinlich mein Wochenredebedarf gedeckt und ich konnte wieder ruhig, still und schüchtern sein, wie die Leute mich gekannt haben und ich mich selber ja auch kannte.

In der Zeit war ich für 2 Wochen im Krankenhaus gelandet. Ich hatte einen schweren Gips am gestreckten Bein und musste danach erst wieder laufen lernen. Aber dieses Alleinsein macht etwas mit jedem Kind. Klar waren meine Eltern so oft es ging zu Besuch da, aber trotzdem war das eine prozentual zur Gesamtzeit viel zu kurze Besuchszeit. Und dann war noch die eine ältere und strenge Schwester. Ich konnte mich mit dem schweren Gipsbein kaum bewegen und erst recht nicht mal hin- und herrutschen, mal einfach aufsetzen oder so. Jedes Mal war es eine Mega-Kraftanstrengung, den schweren Gips mit hochzuheben beim Hochrutschen. Und dann war es doch passiert: Ratsch und es war ein Dreiangel ins Bettlaken gerissen. Da kam auch schon die strenge Schwester um die Ecke gesaust. Die Situation hat sich als Kind so eingebrannt, es ist erstaunlich. Was wäre aus mir geworden ohne diese 2 Wochen dort im Krankenhaus? Ich habe vor kurzen erst gehört, dass selbst 10 Tage einer Trennungsempfindung bei Kindern Weichen stellen kann. Dem sollte ich mal auf den Grund gehen.

Mein Opa war auch Diakon und jeden 2. Sonntag haben wir die evangelische Schlosskirche in Seußlitz für den katholische Gottesdienst vorbereitet. Das fand ich sehr spannend, und da mein Opa den Kirchenschlüssel hatte, durften wir auch manchmal auf den Turm gehen, an dem uralten Orgelblasebalk vorbei, natürlich nicht ohne zu testen, dass er immer noch kaputt ist. Im Sommer gab es dann immer in Opas Garten noch Kaffee und Kuchen mit der kleinen Gemeinde und dem extra angereisten Pfarrer.

Das war schön und in jedem Falle lecker, denn Oma konnte wunderbar backen. Gemeinden sollten jedenfalls immer mal zusammen essen.

Mit meinem Opa war ich auch das erste Mal auf Montage sozusagen. Wir haben unsere Verwandten in Usti nad Labem in der damaligen Tschechoslowakei besucht und ihnen beim Hausbau geholfen. Ich war 5 oder 6 Jahre alt. Ich sehe mich noch heute deutlich auf der Baustelle. Wir haben mit weißen Ziegeln gemauert, ich konnte die gerade so schleppen. Übernachtet haben wir bei einer alten Tante und in großen Federbetten geschlafen. Das ist eine Kunst, ohne dass morgens alle Federn unten an den Füßen einen Berg machen… Dort gab es jedenfalls jeden Morgen Buchteln zum Frühstück, ich habe den Geruch heute noch in der Nase. Es war herrlich.

4. Schule

Kindergartenalter ist auf mich bezogen keine genaue Bezeichnung, da ich wie beschrieben nicht in den Kindergarten gehen musste. Folglich hatte ich eine Vorschule zu besuchen, bevor ich eingeschult werden durfte. Der Stichtag zur Einschulung war der 30. Mai jeden Jahres. Da ich wegen der 7 Tage, die ich danach geboren wurde, nun nicht ein Jahr warten wollte oder sollte und sowieso schlau genug war, wurde ich eben mit 6 Jahren eingeschult.

Zur Vorschule kamen nur wenige Kinder, das war noch in Ordnung für mich. Die erste Woche in der Schule allerdings war sehr schlimm, die folgenden wurden nur langsam etwas besser .... Denn da saß ich nun als der Neue und Jüngste plötzlich mit so vielen Kindern zusammen, die sich alle schon kannten aus dem Kindergarten. Nee, das war mir zuviel und es gelang wohl den Erwachsenen nur mit Mühe, mich in dem Laden zu behalten. Ich habe viel geweint, was ich auch immer noch sehr gut nachvollziehen kann. Es war doch so schön zu Hause und mit Oma. Warum – ah, da ist es wieder – warum nur muss ich mit den vielen, unbekannten Kindern rumsitzen? So war ich von Anfang an irgendwie ein vielleicht selbstgemachter Außenseiter.

Ich war ein guter bis sehr guter Schüler. Und weil ich sowieso schon ruhig war und dann durch das Schulklassentrauma noch ruhiger wurde, hatte ich bis zur 8. Klasse in Betragen eine Eins bekommen, bis es der Lehrerin zu doof war, einem jungen Mann eine Eins in Betragen zu geben.

Weil das für später interessant ist und zeigt, wie viel Humor Gott hat, muss ich hier zugeben, dass ich die verordneten Bücher in der Schule kaum gelesen hatte. Ich bin beim Lesen immer ganz schnell eingeschlafen, meist noch vorm ersten Umblättern. Djamila war nur ein sehr dünnes Buch, das habe ich geschafft. Bei allen anderen Büchern kam immer passend der Film im Fernsehen. Dann wollte ich es doch irgendwann mal besser machen. Ich hatte also das dicke Buch der Buddenbrocks angefangen zu lesen und war schon bei dreistelligen Seitenzahlen angekommen. In einer Deutschkontrolle sollten nun die beiden Brüder charakterisiert werden. Ich bekam eine sehr schlechte Note, weil die Charakterisierung zwar einigermaßen in Ordnung war, ich aber die Namen verwechselt hatte, wodurch alles falsch wurde. Also blieb ich beim Filme schauen - logisch. Insofern ist es lustig, dass ich jetzt selber Bücher schreibe oder umschreibe. Gott hat Humor und selbst den hat er ja erfunden ...

Ich hatte mein ganzes Schulleben lang nur einen einzigen Eintrag im Hausaufgabenheft: „Martin schießt im Speiseraum mit Dampfnudeln." Nun, diesen Eintrag bekamen alle Schüler nach einer großen Schlacht mit Dampfnudelkugeln zum Mittag. Ich denke, ich habe eine solche Kugel, nachdem sie auf meinem Tisch gelandet war, zurückgeschossen – der gefährliche Herdentrieb.

5. Familienleben

Im Jahr meiner Einschulung wurde mein 2. Bruder geboren, der folglich 6 Jahre jünger ist als ich. Ich erinnere mich noch, dass ich ihn ein paar Jahre später manchmal nachmittags aus dem Kindergarten abgeholt habe, bis ich mich weigerte. Er hatte so eine blöde Angewohnheit, im Vorbeigehen fremden Leuten einfach in die Schienbeine zu treten. Nee, da wollte ich nicht in der Nähe sein.

Wir waren nun also insgesamt 2 Erwachsene und 3 Kinder in der Familie. Wir hatten eine zweieinhalb-Zimmer-Neubauwohnung in Nünchritz an der Elbe. Küche, Bad, Wohnzimmer mit dem Esstisch und der Sofaecke, ein Schlafzimmer für die Eltern und ein kleines Kinderzimmer für uns 3 Jungs, also das halbe Zimmer. Klar gab es da ein Doppelstockbett, welches später zum Klappbett umgebaut wurde. In der Verlängerung gab es noch ein Bett zum Klappen. Da gegenüber an der anderen Wand die Kleiderschränke standen, war bei runtergeklappten Betten ein 40 cm breiter oder eher schmaler Gang zum Fenster des Kinderzimmers. Schreibtische standen auch noch da drin. Instrumente geübt haben wir im Wohnzimmer. Ein halbes Jahr hat dort allerdings mein anderer Opa gewohnt, der so auf einen Heimplatz wartete.

Wir haben uns über diese Enge, die mir beim Beschreiben ins Herze schleicht, nicht beschwert. Es war eben so und wir hatten es gut. Wir waren ja auch oft unterwegs zum Sport, Musikschule, Orchester oder eben einfach rausgehen, wenn nix anderes anlag. Heutzutage ist es leider ganz anders: wenn da nichts anliegt, hat man auch keinen Grund zum Rausgehen. Das muss aber nicht besser sein und ist es bestimmt auch nicht.

Wie es sich gehört in einer ordentlichen Familie, gab es bei uns meist gemeinsame Mahlzeiten. Unser Familienabendessen war wochentags immer schon viertel fünf oder viertel nach vier, also 16.15 Uhr, denn mein

Vater hatte bis 4 zu arbeiten, kam nach Hause geradelt und hatte gleich Hunger. Oft stand dann nach 20 Uhr irgendwas zum Naschen auf dem Fernsehtisch, eine der Verdünnisierung in der Jetzt- Zeit nicht besonders zuträgliche, doch wohlschmeckende Angewohnheit.

Es gab auch viele Familienzeiten mit Rate-, Rechen- oder Würfelspielen. Wir haben viel gepuzzelt bis zu 5000 Teilen. Wir haben Skat gelernt und Rommé gespielt, oft auch "Mensch-ärger-dich-nicht", wobei es meistens einen gab, der sich nicht an das Spielmotto gehalten hat.

Jeden Sonntag war es glasklar, dass wir gemeinsam in die katholische Kirche gehen. Ausnahmen im äußersten Notfall gab es sehr selten, glaub ich. Es ist eben auch unsere Familie gewesen, die Gemeinde – und das war gut und richtig so.

Im Regal hinten überm Sofa stand ein Holzkreuz und daneben auch aus Holz die 'Gottesmutter Maria'. Ob wir eine Bibel hatten, daran kann ich mich nicht erinnern. Bestimmt stand eine auch dort im Regal. Zum Abendgebet haben wir uns dort getroffen und dann hat jemand ein Gebet aus einem Büchlein vorgelesen. Ich habe jedenfalls gelernt, dass Gebete gelesen werden und nicht frei gesprochen, außer das Vater unser und das Glaubensbekenntnis vielleicht.

Wir haben als Kinder von unseren Eltern viele Handarbeiten gelernt. Ich habe ziemlich oft Laubsägearbeiten gemacht, meist im Advent. Aber auch andere Holz- und überhaupt Bauarbeiten lernte ich meist von meinem Vater. Unseren Sandkasten im Garten hatten wir immer tiefer gebuddelt und so wurde der Keller der Laube daraus. Ich bin froh, dass ich praktisch veranlagt bin und das es auch gefördert wurde. Natürlich haben wir auch die mütterlichen Handarbeiten neben Kochen und Backen gelernt. Ich hatte einige Kreuzstich-Bilder gefertigt, knüpfen gelernt und auch selbst

Knüpfteppiche entworfen. Häkeln oder Stricken habe ich nicht gelernt, aber das stört mich jetzt auch nicht so sehr...

6. Ferien und andere Reisen

In unseren Ferien waren wir immer als Familie unterwegs. 2 Erwachsene, 3 Kinder und mengenweise Sachen in den Trabi und ab in den Urlaub. Oft waren wir an der Ostsee. Einmal hatten wir einen Steinschlag, die Frontscheibe des papyrusweißen Trabis mit rotem Dach war hinüber. Wir hatten die Koffer ausgeräumt und alles angezogen, was da war und fuhren dann so noch ein oder zwei Stunden bis nach Hause.

Im Winter waren wir oft im Erzgebirge. Ich erinnere mich, dass meist viel Schnee war und wir den Trabi schieben musste, wenn es ordentlich bergauf ging. Dann stiegen wir aus und setzten uns zuerst mal auf die Kotflügel über den Vorderrädern, damit das Pappauto mehr Grip bekam.

Apropos Trabant: Ich habe mit 14 Jahren meinen ersten Trabant bestellen dürfen, der wäre ab 1996 lieferbar gewesen nach nur 14 Jahren Wartezeit. Heute kann man nicht mal 14 Tage auf sein neues Auto warten. Wie sich die Zeiten doch geändert haben.

Später hatten wir dann ein paar Jahre hintereinander einen Urlaubsplatz am Haussee in Feldberg gegenüber der Wasserskianlage. Im 2. oder 3. Jahr war ich bereits 15 Jahre und durfte Moped fahren – eine gelbe Simson S50. Also sollte ich mit dieser Zwiebacksäge auf der Autobahn schon mal vorfahren. Ich war wohl über 5 Stunden unterwegs und wollte danach nicht mehr sitzen… Immerhin hatte ich einen Vollintegralhelm aus „dem Westen“ und das Moped hat 64 km/h geschafft - bergab mit Rückenwind und Schiebesonne.

Von unseren Urlauben in Feldberg gibt es interessante Geschichten zu erzählen. Wir hatten ein Faltboot. Da wir an einen See fuhren, wollten wir es mitnehmen. Natürlich passte es nicht in den Trabi und so wurde es per Zug eine Woche vorher verschickt. Am Urlaubsort angekommen, luden wir alle Sachen aus und holten am Bahnhof das Boot ab. Das bauten wir dann am See zusammen. In einem Jahr wollte mein Vater unbedingt damit segeln. Er hatte ein Segeltuch besorgt und nähen lassen und alles eben von langer Hand vorbereitet. Dann war es soweit. Mein Vater saß hinten im Faltboot und mein Bruder vorn. Ich hatte dort am Steg versucht zu Angeln. Das Boot legte ab und kam gleich wieder, denn mein Vater war sich wohl des Segelerfolges nicht ganz sicher und gab mir vorsichtshalber seine gute Quarzuhr auch aus „dem Westen". Gut, also habe ich auf sie aufgepasst. Ich machte die Uhr an mein Handgelenk und angelte weiter. Ich warf die Angel aus - und die gute Quarzuhr flog direkt hinterher ins Wasser. Ich glitt sofort ins Selbige wie der zu angelnde Fisch und rettete die eigens versenkte Uhr. Sogleich rannte ich in die Unterkunft und föhnte die Westuhr trocken. Irgendwann zeigte sie wieder die Zeit – was für eine Erleichterung! Ich ging wieder an den Steg, als wenn nichts passiert wäre, und da kam das Faltboot auch schon wieder zurück. Das mühsam vorbereitete Segel war nach kürzester Zeit gerissen. Na wenn das kein erfolgreicher Tag war!

Einmal hatten wir in unserem Urlaubsort „West"-Besuch, denn die Schwester meiner Mutter war dort mit einem Lokführer verheiratet. Das waren also meine Tante Mitzi und Onkel Hans. Mit ihm sind wir 3 kleinen Kinder mit einem recht großen und schweren, grünen Ruderboot in See gestochen. Onkel Hans wollte dann unbedingt in den kleinen Kanal reinrudern, der aber nach einigen hundert Metern vor einer Brücke einen Damm hatte, wo man ein Faltboot drüberheben konnte, aber nicht so ein schweres Ruderboot! Die Leute auf der Brücke konnten das Spektakel sehr gut beobachten: da war ein Mann, der mit 3 kleinen Kinder ein grünes Ruderboot über den fast 1 m aus dem Wasser ragenden Damm versuchte zu bugsieren. Es erschollen ungefähr 50 Hauruck- Rufe des Lokführers, bis das fast aussichtslose Unterfangen unter großem Beifall der

Brückengäste gelang. Wir waren alle kaputt, Onkel Hans war am meisten außer Puste. Also mussten die Kinder erst mal rudern und wir wussten, dass wir auch so wieder zurück mussten, denn der Umweg außenrum über die Seenkette war viel zu weit …

Ein andermal ging eine Familienreise nach Usti nad Labem – dahin, wo ich mit meinem Opa ungefähr 10 Jahre zuvor gebaut hatte. Also ich fuhr mit meinem Moped los und schon nach 9 km stand jemand auf der Straße und winkte mich zum Anhalten. Nein, keine Polizei. Es war die erste Bekannte auf der Strecke, die Telefon hatte. Dort haben meine Eltern angerufen, weil beim Losfahren der Trabant einen Antriebsschaden bekam. Sowas wurde natürlich an Ort und Stelle repariert. Wir wollten eigentlich abends ankommen, sind dann aber erst abends losgefahren. Oben an dem Grenzübergang Zinnwald war dann erfreulicherweise eine lange Schlange, so dass wir dort über zwei Stunden warten mussten. Der zwischenzeitliche Wolkenbruch hatte mir auf dem Moped gar nicht gefallen. Nachts halb eins fuhren wir endlich über die Grenze und eine halbe Stunde später in die Stadt.

Die Beschreibung zum Auffinden des Hauses war wohl etwas ungenau, und so sind wir eine halbe Stunde in der Stadt rumgeirrt – Trabant vorweg, ich hinterher. Leider war fast kein Mensch auf der Straße, den man hätte fragen können. Einer war da, aber der hatte – wie sich nach weiteren 10 Minuten herausstellte - noch weniger Ahnung als wir. Also fuhr ich dann erst- und einmalig mit meiner Mutter als Sozius durch die Stadt. Sie hat immer nur gesagt, wir sollen zurückfahren, weil wir den Trabi und deren Insassen nie wiederfinden - aber wir haben es gefunden.

Die Urlaube mit der ganzen Familie waren schön. Daneben gab es ziemlich viele Ausflüge, die wir mit der Familie gemacht haben. Wir haben uns unsere Heimat angesehen, was ja auch wichtig ist – bestimmt wichtiger als die ganzen Fernreisen heutzutage. Oft waren wir im wunderschönen Elbsandsteingebirge wandern oder sahen uns das Erzgebirge und das Zittauer Gebirge an.

In den großen Ferien gab es für die Schulkinder die Kinderferienlager. Zwei Wochen mit Horden von Kindern – das war mir meist zu viel, weil zu laut und so. Ich hatte dort wenig Freunde, aber dafür umso mehr Heimweh.

Es gab auch Ausflüge mit den Ministranten - ja ich war Ministrant - oder mit der Jugend der katholischen Kirche. Wir hatten einen wunderbaren Kaplan, der dann Pfarrer und später Vikar wurde. Wenn er nicht so früh gestorben wäre, hätte er ein wunderbarer Papst werden können. Mit ihm hatten wir wirklich gute Zeiten, denn er war sehr verständnisvoll und herzlich. Wir waren mit ihm zum Beispiel mehrmals in dem kleinen Erzgebirgsstädtchen Jöhstadt. Der Bäcker dort war unten im Tal. Es durfte immer jemand anderes mit dem Kaplan und seinem Trabi mitfahren – das bedeutet, es wurde zum Bäcker nur gerollt und immer versucht, über 100 km/h zu schaffen. Ich weiß auch noch, dass wir eines Nachmittags von dem oberen Doppelstockbett auf das Bett des Kaplans gesprungen sind – genau, bis dass irgendwann logischerweise zusammengekracht war. In dieser Woche im Jahr 1981 war das Attentat auf Papst Johanns Paul II., da war die Stimmung sowieso etwas gedrückt, aber ausgeschimpft wurden wir trotzdem nicht. Überhaupt ging uns allen als eingefleischte Katholiken dieses Attentat auf seine Heiligkeit sehr nahe, denn der Papst als Stellvertreter Jesu Christi stand uns ja auch sehr nahe, vielleicht näher als sein Chef selbst. So ist es ja auch ein nur kleiner, aber wesentlicher Unterschied zwischen Heiliger Vater und himmlischer Vater. Ich will damit keinesfalls die Katholiken schlecht machen, ich war ja selber einer und habe es damals so empfunden.

7. Ausbildung

Irgendwann kam Silke in unsere Klasse und wurde meine Banknachbarin. Sie hat, glaube ich, viel von mir abgeschrieben, sowie etliche andere auch, die alle ihre guten Gründe dafür hatten. Nein, es war keine Sitzenbleiberin, sondern ihre Eltern waren wohl beruflich ein paar Jahre in Algerien. Das fand ich spannend. Da wäre ich auch gern hin. Sonst kam man ja nicht viel in oder gar um die Welt als Teil des Arbeiter- und Bauernstaates.

Wir hatten als Schüler interessant klingende Fächer ab der 7. oder 8. Klasse: ESP – Einführung in die sozialistische Produktion, also die Theorie und PA – Praktische Arbeit. Ja, wir durften in den Betrieben mitarbeiten müssen. Mein Betrieb war das Chemiewerk Nünchritz, ein ziemlich großer Betrieb. Die waren Alleinhersteller von Schwefelsäure im RGW – Rat für gegenseitige Wirtschaftshilfe, der Ostblock also. Die Schwefelsäureabteilung war die Patenbrigade unserer Klasse. Was war das für ein System!

Ich wurde dort zum Beispiel ein halbes Jahr lang jeden zweiten Donnerstag ans Fließband eingeteilt. Dort musste Cenusil, der einzige Dicht- und Klebstoff der DDR, eingepackt werden. Erst die kleinen Kartons falten, dann die Tube vom Band, Spitze und Zettel dazu und weiter. Bei mir war immer wieder Stau, obwohl man das Wort eigentlich gar nicht kannte, jedenfalls nicht von solchen Fließbandstraßen. Sonst gab es bei uns nur Schlangen - die vor den Geschäften, wenn es mal Bananen oder gutes Bier gab. Dann wurde an jeden nur eine kleine, limitierte Menge abgegeben. Naja - war halt die ganze Familie nacheinander auf den Beinen.

Ein Fach gefiel mir tatsächlich – es war TZ, Technisches Zeichnen. Ich hab gern Grundrisse und ähnliches gezeichnet. Jedenfalls haben Silke und TZ den Ausschlag gegeben, dass ich Vermesser werden wollte. Also sind wir nach Dresden zum Vorstellungsgespräch beim Amt für Kartografie und Geodäsie gefahren. Man war dort sehr zufrieden mit mir, so einen guten Bewerber hatten sie noch nicht. Ach klang das gut. Allerdings kam dann noch eine letzte Frage: Ob ich denn Verwandte in der BRD habe? Ja, meine Tante Mitzi samt ihren Kindern, also meine Cousine und mein Cousin. Wenn ich Vermesser lernen will, dann darf ich keinen Kontakt mehr zu ihnen haben – so war die Bedingung. Wie soll das gehen, wenn ich zu Hause wohne und die Westverwandten zu Besuch kommen? Das konnte nicht funktionieren.

Irgendwie sollte nach meiner 10. Klasse die Schule weitergehen. Ich wollte Abitur machen, aber die 2 Jahre auf EOS – die Erweiterte Oberschule - durfte ich nicht, weil wir ja in der Kirche waren. Also gab es da noch Beruf mit Abitur, eine 3-jährige Ausbildung. In unserem Kreis Riesa waren nur 2 Stellen für Beruf mit Abitur frei: Einmal Anlagenmonteur – das hätte mich interessiert, aber nach der Cenusil-Erfahrung wollte ich mit dem Chemiewerk Nünchritz auf Dauer nix zu tun haben. Die andere freie Lehrstelle war Gärtner mit Abitur. Ja, dafür habe ich mich beworben und habe die Lehrstelle Gott sei Dank bekommen.

Nun hatten wir zwar einen Schrebergarten, aber Ahnung vom Gärtnern hatte ich nicht viel und das hat sich bis heute nicht wesentlich geändert. Wir waren die Gemüseklasse aus der ganzen DDR mit nur 18 Lehrlingen. Im ersten Lehrjahr waren wir in einem eigenen Wohnheim, im 2. und 3. Lehrjahr mussten wir leider in ein größeres Internat mit Schicksalsgenossen umziehen. Es war eine gute Zeit und vor allem auch eine gute Gemeinschaft. Außerdem war ich nicht mehr der einzige Christ, das war gut. Ab der 11. Klasse in ein Internat zu gehen war für mich soweit in Ordnung.

8. Sportlich

Prinzipiell finde ich es für Kinder wichtig, Sport möglichst in und mit einer Mannschaft zu machen, denn es fördert neben der Beweglichkeit die soziale Kompetenz und den Teamgeist. Man lernt, sich Herausforderungen zu stellen und nicht alles in den Schoss fallen zu lassen, sondern auch mal zu kämpfen oder für andere einzustehen. Das alles ist im späteren Leben ziemlich wichtig und ich für meinen Teil bin ganz froh über meine sportlichen Erfahrungen.

Junge, mach mal Sport. So ungefähr könnte es gewesen sein, denn ich weiß nicht mehr, warum ich zum Kegeln gekommen bin. Ich war gar nicht so schlecht. Bei der Kinder- und Jugendspartakiade habe ich jedes Jahr den 2. Platz bekommen – immer Silber. Und plötzlich kam der große Wurf – das ist wie so oft bei mir doppeldeutig, denn Insider wissen, dass ´einmal Kugel nach hinten zu den 9 Kegeln rollen lassen´ als Wurf bezeichnet wird. Bei den Bezirksmeisterschaften war ich der erste am Start und habe 401 Kegel umgeschmissen mit den 100 Würfen. Die große Überraschung war, dass bis zum Ende niemand mehr geworfen hatte – keiner hatte über 400 geschafft. Also war ich der Bezirksmeister. So durfte ich mit meinem Trainer zu den DDR- Meisterschaften fahren. Ich war 13 Jahre alt und wir fuhren mit dem Zug nach Nordhausen. Nach dem ersten Wettkampftag war ich auf Platz 8, am Ende sogar auf Platz 6. Damit war ich ausnahmsweise mal zufrieden. Wir hatten danach noch als Mannschaft eine ungeschlagene Wettkampfsaison, das hat Spaß gemacht.

Beim Schwimmen lernen hatte ich geschummelt und das ist immer wieder doof. Die Schwimmschule war im Waldbad und die Armbewegungen konnte ich wunderbar – ist ja auch nicht so schwer. Leider war ich damals schon so groß, dass ich in dem Waldbadbecken auf dem Grund laufen konnte. Und leider war das Wasser so dreckig, dass niemand meinen Beschiss durch die trübe Brühe sehen konnte. Ich wollte eh lieber springen und tauchen und dafür war mein unkoordiniertes Beingestrampel gut genug.

Zum Thema sportlich wäre noch aufzuzählen, dass ich als Kind viel Fußball gespielt habe und ein guter Tormann war. Wenn das Schulzeug gemacht war und nichts anderes anlag, ist man raus gegangen und hat mit denen gespielt, die da waren. Heutzutage bildet man erst eine WhatsApp-Gruppe und bis alle geantwortet haben, ist es dunkel.

Während der Lehre bin ich im schönen Elbsandsteingebirge klettern gewesen. Da muss man sich selbst bezwingen lernen. Vor der Höhe hatte ich immer guten Respekt. Geschwitzt habe ich immer schon sehr reichlich, bereits bei leichter Betätigung. Beim Klettern sagte mal jemand, es müsste nach mir eigentlich Kletterverbot geben, weil der Sandstein so nass ist und man darf in der Sächsischen Schweiz normalerweise 24 Stunden nach dem letzten Regentropfen nicht klettern wegen der Festigkeit des Gesteins.

Sportlich gesehen am liebsten und meisten bin ich Fahrrad gefahren. Nach der 10. Klasse hatte ich mit meinem Cousin Thomas eine größere Radtour geplant. Das heißt, geplant haben wir sie schon im Frühjahr, indem wir verschiedene Pfarrgemeinden angeschrieben haben mit der Bitte, dort jeweils übernachten zu dürfen. Wir bekamen tatsächlich einige Rückmeldungen. Also konnte es in den großen Ferien losgehen. Thomas hatte irgendwoher noch kurz vorher eine 3er Gangschaltung ergattert und am Tag vor dem Start angebaut. Ich hatte keine. So wollten wir von Riesa über Zittau nach Rostock und wieder zurück radeln. Ja, haben wir auch gemacht. Unsere längste Strecke war von Zittau bis Königs Wusterhausen, da wir zwischendrin keine Übernachtungsrückmeldung bekommen hatten. Also radelten wir früh kurz nach 5 im Dunkeln und Nieselregen los und war abends völlig erschöpft nach 218 km am Ziel. Dort haben wir dann 2 Tage nichts gemacht außer Essen und Ausruhen. Und ja: wir haben es bis Rostock und zurück geschafft. Es war meine erste größere Radtour und es sollten noch einige folgen.

9. Musikalisch

Als ich in die 5. Klasse kam und mein Bruder in die 3. Klasse, ging es darum, ein Instrument zu lernen. Naja, wenn es schon so sein sollte, wollte ich Posaune lernen, denn das sah im Fernsehen immer so gut aus. Also lernte ich Trompete, das wurde für mich so beschlossen, genau wie für meinen Bruder.

Da wir nun einem Neubaublock wohnten, gab es bald wegen der sogenannten Ruhestörungen eine Hausversammlung. Die beiden jungen Trompeter durften nur zwischen 15 Uhr und 16.15 Uhr üben. Später kam dann noch mein jüngster Bruder mit der Klarinette dazu.

Überhaupt war meine ganze Großfamilie sehr musikalisch. Mein Onkel Sepp hat Tuba gespielt, dessen Kinder und logischerweise meine Cousine Martina Klavier und Orgel und deren Bruder, mein Cousin und Namenswegnehmer Thomas spielte Trompete und Klavier und Orgel. Dazu noch aus der Familie Herz 3 Brüder mit 2x Trompete und einmal Klarinette. Wir haben ziemlich oft zusammen musiziert, oft in der Katholischen Gemeinde, zu der wir alle gehörten. Spannend war es Weihnachten, wenn erst 20 Uhr bei uns der Gottesdienst untermalt wurde, danach schnell zusammenpacken, nach Riesa düsen, auspacken und 22 Uhr die nächste Christnacht blasen. Danach ging es nach Hause und es konnte Mitternacht meinem Bruder zum Geburtstag gratuliert werden.

Die nächste Stufe meiner musikalischen Weiterbildung war das Werksorchester. Dort habe ich als 3. Posaune viel gelernt in Bezug auf Zusammenspiel und aufeinander Hören und auch die Freude, ein Teil des Ganzen zu sein. Vielleicht ist so ein Orchester auch ein gutes Beispiel für eine Gemeinde: man hat das eine gemeinsame Ziel vor Augen, jeder hat seinen Part, seine Berufung und wird freundlich unterstützend hingewiesen, wenn es mal nicht so klappt, denn das sieht oder hört man sofort. Man kennt und wertschätzt sich untereinander, weiß über Stärken und auch Schwächen der Anderen Bescheid und kann auch mal sehr herzlich lachen, wenn was komplett schiefgeht. Es gab Titel in unseren Konzerten, die wir lieber noch mal neu von vorn angefangen haben, weil sie schon nach wenigen Takten so auseinandergelaufen und nicht mehr zu erkennen waren – auch eine Art Ehrlichkeit sich selbst, den Anderen und dem Publikum gegenüber.

Die Arbeit mit einem Dirigenten war interessant, denn das erfordert eine Menge Disziplin von allen. Ich glaube, wir waren richtig gut. Wir haben Marschmusik gemacht, Konzerte gegeben, zu Veranstaltungen geblasen und vieles mehr. Wir waren in Probelagern und konnten uns so noch besser kennenlernen. Die Probelager waren meist im Winter. Irgendwann hatte mein Bruder bei der Kälte keine Mütze auf – sie war einfach weg. Als dann am Abend die erste Probe war, kam aus seinem Tenorhorn kein Ton heraus, so sehr er sich auch bemühte. Andere begutachteten das Instrument und versuchten herauszufinden, warum kein Ton rauskam. Bis dann einer in den Trichter des Tenorhorns von oben herein griff und die Mütze hervorzauberte. Kommt nix weg.

Während meiner Lehre in Coswig hatte ich dort in einer Bigband mitgespielt. Später durfte ich in einem Bläserquartett sein mit 2 Trompeten und 2 Posaunen. Unser Programm hieß „Von Bach bis Beatles" und hat uns selbst jede Menge Spaß gemacht.

Nach dem Abschluss der Lehre und des Abiturs habe ich das erste Mal in einem christlichen Musical mitgespielt. Ich war also 2 Wochen mit Baptisten unterwegs. Wir haben eine Woche geprobt und dann 5 Konzerte gegeben. Die Gottesdienste bei den Baptisten waren reinen Katholiken sehr befremdlich. Jeder konnte dort was sagen oder Eindrücke wiedergeben. Überhaupt wurde frei gebetet und das immer wieder, also sehr häufig.

So war ich musikalisch ziemlich viel eingespannt und bin kaum auf Konzerte gegangen, denn ich hatte ja selber Konzerte mitzuspielen. Klassische Konzerte haben mich schon gar nicht gereizt – einfach nur Rumsitzen und dem Geigengefietsche zuhören – so war leider die unschöne Denke eines Bläsers. Und ohne mich zu versehen und warum auch immer war ich Anfang der 90er Jahre in Berlin in der „Capella academica“ gelandet - im Sinfonieorchester der Humboldt- Universität. Komischerweise blieb die scheinbare Trennung von Bläsern und Streichern selbst an den Tischen in den Probelagern erhalten. Aber es hat mir Spaß gemacht, klassische Musik selbst mitzuspielen. Und wenn man eben mal 184 Takte Pause hat, dann zählt man am Anfang fleißig mit, bis der Dirigent im 182ten Takt abbricht und von vorn spielen lässt. Super. Große Klasse! Irgendwann braucht man nicht mehr mitzuzählen, denn man weiß, dass kurz davor ein nettes Oboensolo kommt, dann setzt die Trompete ein und von da nur noch 8 Takte, bis es richtig laut werden muss und da natürlich die Posaune gefragt ist. Wir hatten unseren Spaß. Wie die Zuhörer so etwas unter Spaß verbuchen, blieb mir bis jetzt verschlossen, aber es muss ja solche und solche Leute geben.

Die beiden Konzertreisen der „Capella academica“ konnte ich mit Radtouren kombinieren. Wir waren einmal in Utrecht und Leiden in Holland. Neben den Kontrabässen und Pauken im Anhänger des Busses stand mein Rennrad. Nach den Konzerten bin ich in aller Ruhe und mit einigen Umwegen durch Holland und Deutschland zurückgeradelt. Bei der nächsten Konzerttour nach Tübingen im Schwarzwald habe ich meinen Anzug und die Posaune mit dem Bus geschickt und bin mal vorsichtshalber eine Woche vorher von Dresden losgeradelt. Die 50 km hoch bis zum Grenzübergang Zinnwald waren so anstrengend, dass ich schon befürchtete, es wird knapp mit der Zeit. Aber dann lief es an dem Tag noch weitere 211 km, am nächsten Tag 270 km und dann noch 250 km und ich war bei meinem Cousin angekommen, also 781 km in 3 Tagen. Ich konnte mich dann 3 Tage ausruhen und noch die läppischen 100 km bis nach Tübingen zum Konzert radeln. Herrlich war das.

10. Übergang zum Studium

Ich war also von 1984 bis 1987 in Coswig bei Dresden und habe Gärtner mit Abitur gelernt und auch abgeschlossen. Ich wollte danach Mechanisierung studieren, denn ich fand und finde die technischen Hilfsmittel im Gartenbau sehr spannend und wollte selber welche entwickeln. Doch erst mal musste ich zur Fahne – das klingt irgendwie lustig, ist es aber nicht - trotz Staatsbürgerpflicht und so. Es war ein ungeschriebenes Gesetz, dass man sich freiwillig für 3 Jahre Armee verpflichtet, wenn man studieren will. Aber nö, soviel Zeit wollte ich nicht verschwenden. Ich war mir sicher, dass ich auch mit dem Mindestaufenthalt von 18 Monaten später einen Studienplatz bekomme. Nur den Dienst an der Waffe zu verweigern und Bausoldat zu werden, dafür hat der Schneid, die Überzeugung und Studienplatzhoffnung doch nicht gereicht.

Ich kam also im Herbst 1988 zur NVA, zur Nationalen Volksarmee. Ich wurde Militärkraftfahrer und Detonometrist – genau, das Wort hatte ich bis dahin auch noch nie gehört. Wir hatten auf unserem Robur-Lkw einen Kasten mit Funk und einem russischen Großrechner drauf, der von mehreren Empfängern, die wir in der Nähe verkabelten, Detonationen von Atomsprengladungen messen konnte und ausrechnete, wie stark diese Detonationen waren. Das Dumme daran war, dass wir vorzugsweise mindestens 20 km in der Nähe solcher Explosionen sein sollten, der EMI (Elektromagnetische Impuls) die Stromzufuhr des Großrechners lahmgelegt hätte, die darauffolgende Druckwelle nicht nur die dann ohnehin nutzlosen, da stromlosen Empfänger, sondern auch das ganze Auto umgeworfen hätte und das Menschenleben so nah an einer Atombombenexplosion ganz schön unschön werden kann.

Also: Bedingung für Militärkraftfahrer war der Führerschein. Im Rahmen meiner Lehre habe ich als Gärtner natürlich Traktor und als Abiturient Lkw- Fahrschule machen dürfen und musste übrigens nichts bezahlen.

Mein Fahrpraxis-Unterricht während der Lehre war spannend: Zuerst geht es in den Fahrtrainer. Ich war da, sonst keiner. Also hat man mich in einen Traktor gesetzt und ich sollte ohne Erklärung ein paar Runden auf dem Übungsplatz fahren. Danach gab es für mich den Fahrtrainer und nun wusste ich, warum beim Traktor die Gänge so schwer und laut reingingen: Man sollte also günstigerweise Zwischengas geben. Aha. Danach bin ich direkt Lkw gefahren, bis der Fahrlehrer gesagt hat, dass ich die Prüfung erst mit 17 machen darf und deshalb noch ein paar Monate warten muss. Also habe ich dann meine Lkw-Fahrprüfung absolviert und einen Tag vor meinem 18. Geburtstag holte ich stolz meinen neuen Führerschein ab: Lkw war nun erlaubt, ebenso Traktor nach den paar Runden auf dem Platz und auch Pkw, obwohl ich ein normales Auto überhaupt noch nicht gefahren war.

Nun gab es also bei der Armee eine erneute Fahrschule, weil man ja mit Tarnlicht – also im Prinzip ohne Licht - sowie über Bahndämme und durch Bombentrichter fahren können sollte, sogar mit Gasmaske oder auch mit Vollschutzanzug.

Die Armeezeit bis zum Frühjahr 1989 hab ich ganz gut überstanden, nur meine Zähne nicht. Wir hatten dort einen Zahnarzt, der keine Zähne behandelte, sondern das jeweilige Problem immer nur als Ganzes ausrottete. Mir fehlten nach der Armeezeit 7 Backenzähne unten.

Was ich durch die Armeezeit dazugewonnen hatte, war nun endlich eine Freundin. Ich kannte sie schon 3 Jahre, denn wir hatten zusammen die Lehre absolviert. Ines war in der evangelischen Jugend aktiv und lebte am Stadtrand von Dresden auf einem Bauernhof. Es klang alles so vernünftig, auch wenn im Nachhinein der richtige Funke vielleicht fehlte. Und ich hatte auf alle Fälle Torschlusspanik, dass ich überhaupt keine Freundin mehr abbekomme.

Ab Mai 1989 ging ich also wieder - wie schon die paar Wochen vor der Armeezeit - in die Gemüseabteilung der LPG Kanalgebiet Riesa. Diese Abteilung hatte 40 ha, 30 Frauen und 6 Männer. Obwohl ich der jüngste war, wurde ich schon nach kurzer Zeit zum Vermarktungsleiter. Da es dann schon immer mehr politisch rumorte, verschob ich meine Studienpläne um ein Jahr.

Ich war auf ein paar kleinen Demos in Riesa dabei. Ich habe in Dresden im Oktober 1989 nach einem Kinobesuch erlebt, wie wir plötzlich von 2 Seiten von Volkspolizisten in Vollschutzmontur eingekesselt wurden, obwohl da gar nichts los war. Nur wenige Fußgänger. Es war eine sehr angespannte Zeit im Oktober 1989. Es war nicht klar, ob die Massenproteste in Leipzig und anderswo wirklich friedlich ausgehen. Aber Gott sei Dank kam die Wende und schließlich die Wiedervereinigung. Ich bin heute sehr dankbar, dass ich das miterleben konnte und dass es friedlich abging.

Meine Freundin hatte eine Wohnung in Berlin zugeteilt bekommen, denn auch sie studierte dort. Also haben wir am letzten Oktoberwochenende einen Autoanhänger mit ihren unseren Möbeln gepackt, damit ich diese eine Woche später nach Berlin fahre. Alle haben gedacht, dass wir auch über Ungarn abhauen wollen. Aber keiner hat gedacht, dass in dieser kommenden Woche die Grenze geöffnet werden würde. In der Nacht von Donnerstag zum Freitag fiel die Mauer. Samstag bin ich nach Berlin gefahren und es war eine so herrliche Stimmung in der Stadt über dieses scheinbar unmögliche Wunder. Ich musste die viel befahrene Schönhauser Allee queren. Da hat ein Polizist einfach mal den kompletten Verkehr angehalten und mich durchgewunken. Alle waren irgendwie froh, erleichtert, hoffnungsvoll und sehr freundlich. Eine richtige Aufbruchstimmung. Gut, am Sonntag zurück nach Dresden habe ich statt der üblichen 2,5 ganze 7 Stunden gebraucht, aber egal.

In unserer Gemüseabteilung hatte der Vater unseres Chefs Anfang 1990 seine enteignete und einverleibte Gärtnerei zurückbekommen und so bin ich in der LPG-Gemüseabteilung Chef geworden. Ich hatte damals mit 21 Jahren noch gar keine Vorstellung von Unternehmertum, Mitarbeiterführung und so was. Aber intuitiv wurde doch das Meiste richtig gemacht. Ich habe mit meinem Schlosser Maschinen entwickelt – das wollte ich ja studieren. Da ich nun Chef war, schien mir ein Fernstudium Gartenbau jedoch weitaus besser und so habe ich mich dafür beworben.

Ab Juni 1990 gab es dann die erste Währungsumstellung meiner Karriere: von Aluchips (also DDR-Mark) auf DM, die harte Deutsche Mark. Plötzlich musste schon Sonntagabend frisches Gemüse geliefert werden, damit es Montag früh bereits in den Läden sein konnte. Wir haben uns umgestellt, weil wir es besser machen wollten als bisher und weil wir dachten, dass wir es in der Hand haben. Es musste Kurzarbeit eingeführt werden, weil wir zu viele Mitarbeiter pro Fläche hatten. Es lief eigentlich gut, und als ich nach meinem Sommerurlaub einen Tag vor meiner Immatrikulation meine Mitarbeiter aufsuchte, waren die Felder voll, also ungeerntet, aber keiner da. Sie waren in meiner Abwesenheit alle entlassen worden und auch ich bekam den sogenannten blauen Brief, der allerdings weiß war. Ich sollte noch einen Monat Kartoffeln sortieren gehen, bis die Kündigungsfrist abgelaufen ist. Das habe ich nicht gemacht, sondern meine Abteilung und die Felder ab- und aufgeräumt und bin dann nach Berlin zum Fernstudium an die Humboldt-Universität und zu meiner Freundin Ines gezogen.

11. Berlin und Dresden

Ich habe trotzdem Gartenbau studiert, denn der neue gemeinsame Plan von Ines und mir lautete: wir werden Entwicklungshelfer in Afrika. (Ich wollte ja sowieso gern ins Ausland, deshalb ja auch meine Bewerbung als Vermesser.) Und danach machen wir am Stadtrand von Dresden einen Biogemüse-Hof auf, denn ihr Vater hatte dort einige Flächen und sich mit Mutterkuhhaltung beschäftigt. Das waren gute und vernünftige Pläne, es sah nach Berufung aus, Teamwork und Weltrettung im Alleingang.

Ich wurde also im August 1990 an der Humboldt-Universität von Berlin immatrikuliert. Einen guten Monat später war ein besonders wichtiger Tag, der 3. Oktober 1990. Denn da wurde offiziell die deutsche Einheit vollzogen und seitdem an unserem Nationalfeiertag immer wieder gefeiert. Den Nationalfeiertag vom 7. auf den 3. Oktober vorzuziehen, war keine große Umstellung für uns aus dem Osten. Aber dieses Geschenk erleben zu dürfen, war doch einmalig. Ich war an dem Abend am Reichstag und habe die riesige Deutschlandfahne gesehen, die wunderbar erleichterte Stimmung gespürt und das bis dahin größte Feuerwerk erleben dürfen. Was für ein Tag, was für ein historischer Moment. Und auch, wenn es aussah, als hätte das Volk alles selbst gemacht, gab es doch einige demütige Menschen, die Gott für dieses Wunder zurecht dankten.

Zum Ende meines ersten Studienjahres bekam ich dann eine sogenannte ABM-Stelle (Arbeits-Beschaffungs-Maßnahme ABM) im Grünflächen- und Naturschutzamt in Berlin zugeteilt. Das war eine lustige und rauchfreudige Brigade, mit der ich 3 Monate lang morgens Papierrunde gemacht habe und so eben die Grünanlagen säuberte und pflegte. In der Zeit hat man bemerkt, dass ich mehr drauf hatte und so bekam ich eine Arbeitsgruppe. Ich wurde mit Carmen aus dem Büro und Lutze (dem Gebietsleiter) für die ökologische Umgestaltung des 30 ha großen Volksparks zuständig.

Wir haben dort ca 1000 ordentliche Gehölze neu gepflanzt, nachdem wir an diesen Pflanzstellen den Pionierbewuchs auf dieser ehemaligen Ziegelkippe entfernt hatten. Auch einen großen Teich haben wir gebaut. Es war eine gute Zeit. Nach 2 Jahren wollte das Amt mich sehr gern fest einstellen, aber ich wollte nicht. Ich hatte ja die Strukturen und daher eingeschränkte Kreativität der Mitarbeiter mitbekommen. Dieser Bürokratismus war einfach abschreckend für mich. Außerdem hatte sich sowieso einiges anders entwickelt.

Ines und ich hatten geheiratet - war ja vernünftig. Wir wollten zusammen in die Entwicklungshilfe und hinterher Biogemüse bei Dresden anbauen. Sehr vernünftig klang das. Ich war froh, dass ich doch jemanden für die schöne Zweisamkeit gefunden hatte. Wir haben also 2 Jahre lang in Berlin gewohnt und gearbeitet, ich habe abends fernstudiert und musste 3 Tage pro Monat direkt an die Uni. An den Wochenenden waren wir in Dresden und haben auf dem Hof von Ines Oma das Nebengebäude für uns als Wohnung hergerichtet - jedes Wochenende Freitagnachmittag bis Sonntagnachmittag und dann mit dem Zug wieder zurück nach Berlin zu Arbeit und Studium. Wie das zu schaffen war, kann ich mir heute nicht mehr richtig vorstellen, aber wir haben es durchgezogen.

So ein Fernstudium dauert normalerweise ein Jahr länger als das gleiche Direktstudium. Aber was ist schon normal. Es gab glücklicherweise einen Einigungsvertrag beider deutscher Staaten und darin stand, dass das Fernstudium in dieser Form bis Ende 1993 auslaufen muss. So war ich also schneller als jeder Direktstudent zum Diplomingenieur gekommen, in nur dreieinhalb Jahren.

Als letztes musste ich natürlich meine Diplomarbeit schreiben. Auch Anfang der 90er Jahre war es immer noch üblich, alles zusammenzutragen, vorzuschreiben und dann von einer Schreibfachkraft tippen zu lassen.

Ich war dann also die meiste Zeit in unserem Hofnebengebäude bei Dresden, kaufte mir einen Computer – heute gibt es Fahrradhelme mit mehr Rechenleistung – und tippte drauf los, wobei man damals noch „tipte" schreiben musste, denn ein heutiger Tipp war damals ein einfacher Tip. Allerdings bleibt es eine offene Frage, ob ein Tipp nun mehr wert ist als ein Tip – ich meine außer im Scrabble.

Nun, ich habe Schreibmaschineschreiben nicht gelernt und versuchte mich mit dem Zweifingersuchsystem. Das Gute daran ist, dass die meisten Buchstabentasten längerfristig an derselben Stelle bleiben. Das ist toll, denn mit ein bissel Erinnerungsvermögen findet man die Buchstaben nach einer Weile ziemlich schnell wieder. So tippe ich heute immer noch und es kommt oft nur dann Quatsch aus, wenn man die Autokorrektur angeschaltet hat. Am Handy ist es noch lustiger, wobei ich da nicht mit den Daumen schreibe, denn das Display ist 2,2 mal so breit wie einer meiner Daumen. Damit einen einzigen Buchstaben sicher zu treffen ist so erfolgsversprechend wie ein Schneckenrennen gegen einen Formel 1 Wagen oder die Mona Lisa bei Nacht und Nebel auf einer türkischen Fähre nachzumalen.

Jedenfalls habe ich meine Mona Lisa, also meine Diplomarbeit selbst geschrieben. Das Thema lautete: Maßnahmen zur Erhöhung der Marktanteile für ostdeutsche Spargelerzeuger. Spargelanbau kannte ich aus unserer Gemüseabteilung, wir hatten über 4 ha weißen Spargel. Grünspargel kannte ich nicht, hab auch in der Literatur nichts Wesentliches gefunden. Ich hatte verschiedene Spargelanbaugebiete im Osten besucht und dann die Verteidigung meiner Diplomarbeit vor den Professoren, Doktoren und Mitarbeitern des Gemüsebauinstitutes zu halten. Diese Prozedur würde ich übrigens weiterhin befürworten, denn diese Sache mit zwei Gutachtern ohne Verteidigung, also ohne selber mündlich zu seiner Arbeit zu stehen, finde ich weder gut noch richtig.

Ich hatte mich recht gut präsentiert, bis die Frage nach Grünspargel kam. Ja, der wäre nicht signifikant, sagte ich mit einem Brustton der Überzeugung. Man findet da nichts in der Literatur. Als die Professoren und Doktoren dann zur Auswertung gingen, habe ich derweilen Grünspargelrezepte bekommen. Ich hatte die weltweit einzigen 20 Grünspargelliebhaber vor mir, wie mir schien. Ich habe trotzdem eine 2 bekommen und war zufrieden mit „gut".

12. Entwicklungshelferentwicklung

Nun hatte ich meinen Abschluss, der für die Bewerbung wichtig war, denn „Dienste in Übersee“ sendet nur studierte Leute. Ungefähr ein Jahr lang dauerte unsere (Ines und meine) Bewerbung bei „Dienste in Übersee“. Wir waren ziemlich oft in Stuttgart oder auch Hamburg. Es wurde hin und her, rüber und nüber getestet, ob man zusammenarbeiten kann. Ein reines Helfersyndrom reicht nicht, um in Übersee zu arbeiten. „Wenn jemand hungrig ist, dann gib ihm keinen Fisch zu essen, sondern zeig ihm, wie man angelt.“ Diese Denke stand dahinter und ist auch durchaus richtig. Also wir waren als Entwicklungshelfer angenommen und warteten nun auf eine passende Stelle. Da gab es eine in Obi – nicht bei Obi, sondern das Obi in Nigeria. Gleichzeitig gab es auch kein Bargeld dort, so dass der Bürgerkrieg wieder aufflammte und niemand mehr dahin geschickt wurde.

So vereinbarten Ines und ich, noch ein Jahr zu warten und wenn dann keine Stelle in Übersee kommt, dann beginnen wir eben mit dem Biogemüseanbau.

Es war ein durchaus interessantes Jahr 1994. Zunächst hatten wir uns für den Sommer zu einem Projekt im auseinanderfallenden Jugoslawien angemeldet. Wir wollten helfen, den letzten Urwald Europas zu kartieren. Da dort dieser idiotische Jugoslawienkrieg begann, war nicht klar, ob das Projekt durchgeführt werden konnte. Wir sind trotzdem losgefahren in Richtung Wien und wollten dort dann eine Woche vor Beginn entscheiden. Ja, wir waren mit den Fahrrädern unterwegs. Wir besaßen und brauchten kein Auto. Und wenn, dann konnten wir uns bei den Schwiegereltern eines borgen. Ich bin eh beim Autofahren so schnell müde geworden, bereits nach 15 km war ich fix und alle, ab da war es ein Krampf, das Autofahren.

Also wir radelten von Dresden nach Wien. Auf der Etappe von Passau nach Wien hab ich mehrmals meinen Hinterradschlauch geflickt, bis ich gemerkt habe, dass nichts durch den Reifen stach, sondern die Speichenenden die Löcher im Schlauch verursacht haben. Also habe ich mit der Fingernagelfeile diese Speichenenden bearbeitet und dann ging es. Das war wie MacGyver, den ich sehr gern geschaut habe. Er hatte nur ein (natürlich Schweizer) Taschenmesser und konnte damit in jeder neuen Folge die Welt retten. Später habe ich tatsächlich das Verb macgyvern gehört und das war es, was ich dort auf dem Donauradweg gemacht hatte.

Da leider die Jugoslawen sich weiter die Köppe einschlagen wollten, haben wir unsere Pläne geändert und sind nach Venedig weitergeradelt, dann zum Gardasee und wieder zurück nach Deutschland. 4 Wochen und 3000 km. Wir hatten schon einige Erfahrung in längeren Radtouren gesammelt. Wir waren einen Sommer eine Runde durch die Niederlande gefahren, von dort weiter in den Schwarzwald und schließlich, am Schluss, die Silvretta-Hochalpenstraße. Ein anderes mal waren wir in 3 Wochen 2500 km durch Norwegen und Schweden mit dem Rad unterwegs. Dort sind an meinem Hinterrad laufend die Speichen gebrochen, jeden Tag 2-4 Stück. Ich wollte dann einfach ein neues Hinterrad in einem Fahrradladen kaufen. Aber obwohl er es hatte, bekam ich es nicht, sondern hatte freundlicherweise Zugang zu seiner Werkstatt und durfte mein Hinterrad selber neu einspeichen. Es sind auf diesen Touren viele Bilder entstanden, ich habe immer fotografiert, ganze Dia-Serien. Es war einfach herrlich.

Unser Alltag in Dresden änderte sich danach mehr und mehr. Ines hatte eine Arbeit bekommen und musste immer früh zeitig los. Ich begann auf ihre Empfehlung hin in einer christlichen Rockband als Bläsergruppe. Nun – dort hagelte es Überraschungen. Man traf sich im Probekeller und zu Beginn wurde gebetet. Ich war überrascht. Noch mehr überrascht war ich davon, dass niemand sein Gebetsbuch oder so was zückte, sondern das dort frei gebetet wurde. So etwas war mir völlig unbekannt. Ich habe die ersten Wochen schon vor Ankunft im Probekeller geschwitzt, wie ich wohl diese Gebetszeit überstehen würde. Später habe ich lange vorher wenig überzeugende Gebete vorformuliert wie: „Danke, lieber Vater, dass – ja dass wir alle gut hier angekommen sind. - - - Und jetzt proben können.“ Ich habe es ehrlich gemeint, im Schweiße meines Angesichts und kann mir inzwischen gut vorstellen, welche himmlische Belustigung und doch echte Freude für Gott das war. Für mich war es seit langem eine echte, fast zu hohe Stufe in meinem geistlichen Fort- oder Vorankommen.

Sehr überraschend war auch der Bandleader von Anastasis, der Peter. Er war früher Kapellknabe, begnadeter Musiker, witzig, lustig und tiefsinnig. Aber er kannte keine Noten. Wie das geht, kann ich bis heute nicht begreifen, aber heute weiß ich wenigstens, dass ich nicht alles begreifen muss. Peter war und ist einfach genial und irgendwie habe ich mir meine Noten aufgeschrieben. Andreas, unser Techniker, hat mich dann immer mal zu TenSing, einem Chor-Tanz-Schauspiel-Band-Projekt, in Dresden mitgenommen und von ihm habe ich die Sache mit der Technik gelernt.

Und so war ich mehr und mehr unter Christen und mit Musik unterwegs. Ines hat die Musik leider überhaupt nicht interessiert. Auch unser Tagesablauf war nicht so, dass er uns beiden guttat. Ines ist früh aufgestanden und fuhr auf Arbeit, ich bin erst gegen 8 oder 9 aus dem Bett und war oft nachmittags, wenn sie zurückkam, schon wieder unterwegs mit der Musik oder zu Proben und kam erst gegen Mitternacht wieder. So haben wir uns nach und nach auseinandergelebt und als ich dann noch 1995 einen Riesenfehler gemacht habe, war es ganz aus mit uns.

Ich habe meine Sachen und Instrumente gepackt und bin zu meinem Technikerfreund Andreas nach Dresden in seine Einraumwohnung gezogen. Dort war ich ein gutes halbes Jahr, bis ich zu einem anderen Freund nach Meißen gezogen bin, um dort eine Wohnung auszubauen und nebenbei bissel nach seinem Opa zu schauen, der in dem Bauernhaus in der oberen Etage wohnte.

Für mich war es eine spannende Zeit, weil ich zum ersten Mal in meinem Leben nachempfinden konnte, wenn Menschen von guten oder schlechten Tagen redeten. Meine Tage waren immer gleich, ich hatte weder Hochs noch Tiefs, meine Stimmung war gleichbleibend, bis ich zu dem Zeitpunkt 27 Jahre alt war. Das war nicht gerade leicht, als Ungelernter mit plötzlich auftretenden Hochs und Tiefs umzugehen, wiewohl die Hochs natürlich super waren. Also musste ich mich mit mir und meinen Gefühlen beschäftigen und fand dabei professionelle Hilfe bei einer jungen Psychologin im Rollstuhl.

Andreas und ich haben weiterhin zusammen Technik gemacht - ich die Lichttechnik, er die Tontechnik. Dann kam TenSing Riesa dazu, dort habe ich die Tontechnik gemacht. Irgendwann hat mich dort die Chorleiterin Dorit fast angeschnauzt, dass die Geige nicht zu hören wäre und wer ich denn überhaupt bin. Ich sollte mich mal melden, was ich auch tat. Ich hatte auf ihren Anrufbeantworter gesprochen, weil sie nicht da war. Das glaubt sie mir bis heute nicht. Es war ein paar Monate Funkstille, denn ich habe auf ihren Rückruf gewartet und sie hat angeblich ja meinen gespeicherten Anruf nie bekommen. Im Frühsommer 1996 haben wir uns dann doch sehr schnell angefreundet. Ich hatte bei „Dienste in Übersee" eine Stelle für 2x ein halbes Jahr in Asarbaidschan in Aussicht und sie war bei einem Verein Domus inzwischen im Vorstand, der Kinderheimentlassene Jugendliche mitten in Rumänien betreut und nun auch ein deutsches Ehepaar dahinschicken wollte.

13. Bereitet zum Bereitsein

Dorit und ich wussten seit 5 Wochen, dass wir ein Paar sind. Und da unterschrieben wir beim CVJM-Verein Domus einen Vertrag für 5 Jahre, ohne dass ich je in Rumänien gewesen wäre. Na gut - Nigeria hätte ich mir auch nicht lange vorher anschauen können. Ich war irgendwie bereit und das klang ja durchaus auch nach Entwicklungshilfe.

Zu diesem Bereitsein habe ich ein gutes Beispiel: Aus der Bibel kennen wir Mose, der wurde am Hof des Pharao ausgebildet und war mit 40 Jahren mit Sicherheit der fähigste Mann im ganzen Land. Warum hat Gott ihn da nicht berufen und gesagt, dass er jetzt das Volk aus Ägypten führen soll? Mose war fähig, ausgebildet, kräftig. Stattdessen musste er noch 40 Jahre in der Wüste Schafe hüten, bis es soweit war. Aber war er dann nicht zu alt oder hatte das meiste seiner früheren Ausbildung schon vergessen? Mose mit 40 war fähig, aber Mose mit 80 war bereit und dann hat er auch seine große Aufgabe bekommen. Allerdings hatte er sich immer noch nicht für bereit genug gehalten und wollte sich deshalb vor seiner Berufung drücken, aber er war eben dran und er war der richtige, weil er von Gott dafür ausgewählt wurde. Bereit sein. Ich will mich hier nicht mit Mose vergleichen, ich wollte nur verdeutlichen, dass Bereitsein wichtiger sein kann als nur fähig sein.

Im Sommer wollte ich dann schon ins Sommerzeltlager nach Rumänien mitfahren, um mich dort umzusehen, erste Eindrücke zu bekommen und Baupläne zu machen. Wir hatten nämlich die Aufgabe, für die Jugendlichen, die aus dem dort nahe gelegenen, zweitgrößten Kinderheim Rumäniens entlassen waren, ein Familienhaus zu bauen und jedes Jahr eine neue Gruppe zu betreuen.

Für diese Arbeit mit Jugendlichen gab es ein deutsches Vorbild, das wir uns ein paar Wochen vor unserer Ausreise genau anschauten: Der

Brunnen, eine christliche Lebensgemeinschaft mit einem jugendlichen Jahresteam. Dieser Brunnen sollte später immer wieder wichtig werden.

Der Verein Domus hatte nun bereits einen kleinen Hof in der Mitte Rumäniens gekauft. Den hatte ich mir im Sommer angesehen und ausgemessen und erste Umbaupläne gemacht. In Deutschland haben wir dann Material besorgt und zusammengetragen. Im Herbst 1996 gab es folglich einen Lkw voll mit Baumaterial, meinen Werkzeugen, unseren Sachen und so weiter. Der Plan war, dass wir gleich nach unserer Ankunft vor Ort 2 Wochen Zeit haben, um von dem kleinen Bauernhaus das Dach abzudecken und am letzten Oktoberwochenende von einer deutschen Zimmermannstruppe einen neuen Dachstuhl gestellt zu bekommen. Das war natürlich sehr deutsch gedacht.

Wir wurden in Rumänien dringend erwartet, aber wir konnten erst am 16. Oktober 1996 dort sein, weil wir erst am 15. losfahren konnten, weil am 14. mein Scheidungstermin war. Wir hatten einen gemeinsamen Anwalt und auch alles bereits einvernehmlich aufgeteilt und geregelt. Wir hatten keine Kinder und so war das relativ einfach. Am Tag der Ankunft in Rumänien haben Dorit und ich uns verlobt - logisch….

Dorit ist Gemeindepädagogin, hat im Missionhaus Malche nördlich von Berlin ihre Ausbildung absolviert und Teil der Schwesternschaft. Ich bin oft und gern dort gewesen und habe die Ehre, mit ´Bruder Martin´ angeredet zu werden. Jedenfalls ist auch die Malche ein Stück Heimat geworden.

Ich habe mich in Dorits Nähe sehr wohl gefühlt und konnte auch geistlich einige Schritte an und mit ihr wachsen. Ich begann täglich die Losungen zu lesen. Wir haben gemeinsam gebetet. Mein Glaube im Alltag wurde überhaupt lebendig, wenn auch zaghaft. Es war jedenfalls ein erster

Schritt weg vom Sonntagchristen hin zu einem, der auch von Montag bis Samstag was mit Gott zu tun haben will.

Ja, da waren wir nun in Rumänien angekommen. Aufmerksame Leser ahnen vielleicht, wer das Auto meistenteils gefahren hat. Ich kam ja bis zum absoluten Müdigkeitsanfall höchstens 20 km. Und dann eine Strecke von 1600 km. Das war ein Wunder, denn wirklich plötzlich konnte ich hunderte Kilometer am Stück fahren. Einmal bin ich auch die ganze Strecke durchgefahren. Es ging auf einmal. So etwas kann nur Gott machen, weil Ihm nicht unmöglich ist.

Wir waren angekommen und konnten die Sprache nicht, denn dort inmitten von Rumänien unter den Szeklern wurde ungarisch gesprochen. Wir hatten nur ein paar Stunden mit einer Ungarin in Dresden, die uns ein bissel Grammatik zu erklären versucht hat. Wenn sich nun jemand meldet und sagt: Ungarisch soll die zweitschwerste Sprache der Welt sein, dann sage ich: Stimmt. Es hat kaum etwas gemein mit dem, was wir so als Sprachfluß kennen. Ein Beispiel: „auf meine Füße“ auf Ungarisch geht folgendermaßen: láb ist der Fuß, mein Fuß lábom, dann die Mehrzahl láboim, und auf kommt auch noch hinten dran: lábaimra. Dabei wird das a mit Strich wirklich wie ein a gesprochen und das ohne kann man von dem o kaum unterscheiden. Ganz einfach, wenn man es weiß.

Die Szekler dort, ein altes ungarisches Volk, sprechen sich mit Onkel und Tante an. Man könnte vermuten, dass das in den Dörfern manchmal auch wirklich genetisch so sein könnte. Sagt die Tante Buchhalterin zum Chef: Onkel Jozsef. Ganz normal. Ich war der Mártonbácsi – der Onkel Martin.

Meine ersten ungarischen Wörter, die ich sofort brauchte, waren „Hammer“ und „Schubkarre“, denn wir mussten ja in zwei Wochen das alte Dach abreißen. Wir hatten ein paar Jugendliche als Helfer, nur was wir nicht hatten, war unser Werkzeug. Die ganze Lkw-Ladung war wegen irgendwelcher, angeblich falscher Papiere unter Zollverschluss und wir sollten auch noch 3 Wochen darauf warten müssen.

Wir wohnten derweilen in einer Neubauwohnung in der Stadt Kerezstur, keine 200 m von diesem provisorischen Zolllager entfernt. Warmes Wasser gab es aller 2 Tage im Rhythmus.

Der Wechselkurs war 1 DM gleich 2222 Lei, jedenfalls im Sommer 1996. Die Inflation war sehr hoch -irgendwann waren lange Schlangen vor den Banken, weil diese mit über 100% Zinsen lockten. Unglaublich, aber ich habe es selbst gesehen. Man konnte leider keine DM mit diesem Zinssatz anlegen…. Die Durchschnittslöhne waren zu dem Zeitpunkt um die 50 Mark pro Monat.

Ende Oktober kamen wie geplant übers Wochenende die Zimmerleute aus Sachsen und stellten den Dachstuhl. Es war sehr schweres, nasses, überdimensioniertes Holz. Die Balken und Sparren wurden Freitag und Samstag unten vorbereitet und am späten Samstagnachmittag hochgezogen. Dann standen die ersten beiden Sparrendreiecke jeweils an den Enden des Daches gemeinsam mit den Deckenbalken, denn die wurden auch erneuert. Schon wurde es dunkel. Das Dorf ging langsam schlafen. Die Deutschen haben die Scheinwerfer rausgeholt und weitergearbeitet, denn die Rückfahrt musste erst 4 Uhr morgens starten, damit Montag früh wieder alle auf Arbeit sein können, diese Deutschen die. Also ging nur einer, der erste Fahrer, schlafen und alle anderen haben mit mir bis früh um vier weiter Dachstuhl gestellt. Es war auch fast alles fertig bis auf die Gauben. Diese sollte ich dann dankenswerterweise allein fertig bauen, das wäre nicht so kompliziert. Ja, war es auch nicht. Ich hatte so etwas noch nie gemacht, aber ich fürchte mich nicht vor neuen Aufgaben und lerne gern dazu.

Wie haben die Dorfbewohner am nächsten Morgen gestaunt, dass da plötzlich ein fertiger Dachstuhl da war. Wir haben uns das später im Dorf oft gegenseitig erzählt und herzlich gelacht: über die Verwunderung der Ungarn und die Arbeitswut der Deutschen.

Wir sind kurz vor 5 Uhr morgens hundemüde ins Bett gefallen und wurden gegen halb 8 geweckt. Irgendjemand hatte lange gegen die Tür gedonnert. Ich stieg aus dem Bett und stand in 15 cm hohen warmen Wasser. Der erste deutsche Fahrer wollte abends duschen und hatte das warme Wasser aufgedreht, aber es kam nix. Leider hat er die Hähne offengelassen und als ab 7 Uhr das warme Wasser wiederkam, überschwemmte es die Wohnung. Es stand nur 2 cm unter den Steckdosen… Jeden 2. Abend, wenn kein warmes Wasser den Tag über da war, wurden nun die Hähne extra noch mal kontrolliert, dass die auch wirklich geschlossen waren….

Wir sind dort wieder etwas katholisch geworden, denn den katholischen Gottesdienst haben wir als einzigen einigermaßen nachvollziehen können, da es ja weltweit die gleichen Elemente sind. So haben wir uns dort bald heimisch gefühlt. Kieron, einen Engländer, der bereits 4 Jahre dort lebte, hatten wir gebeten, ob er uns sagen kann, über was gepredigt wurde. Er hatte keine Ahnung. Wir dachten, dass er aber schlecht ungarisch gelernt hat in den 4 Jahren. Nun, nachdem wir 4 Jahre dort waren, haben wir die Predigt auch noch nicht gut verstanden.

Natürlich mussten wir die montäglichen Vereinssitzungen mitmachen. Vielleicht ein Jahr lang wurde uns übersetzt, entsprechend länger gingen diese Sitzungen. Es waren immer ca 5 Vorstände und 2 Mitarbeiter anwesend. Es gab jedes Mal am Anfang eine Zeit, wo Jugendliche ihre Bitte vortragen durften. Meist brauchten sie einen kleinen finanziellen Betrag von umgerechnet 1 oder 3 Mark. Danach wurde stundenlang darüber diskutiert. Wenn doch mal ein Jugendlicher der Unterstützung wegen groben Fehlverhaltens nicht für würdig befunden wurde, hat er das Geld meistens doch am nächsten Tag direkt vom Vorsitzenden Palibácsi (Onkel Paul) bekommen. Zum Sitzungsabschluss hielt üblicherweise noch der Museumsdirektor ein halbstündiges Plädoyer auf Europa und so. Unter 4 Stunden war nie eine Sitzung zu Ende, auch als nicht mehr für uns übersetzt werden musste.

Ich war mir sicher, dass dieser Palibácsi den Verein nicht weiterleiten sollte. Das ist ja überhaupt keine Ordnung, der Mann hält sich an keine Absprachen. In einer Vorstandswahl nach einigen Jahren hatte ich plötzlich die meisten Stimmen, mehr noch als Palibácsi. Ich bin immer noch sehr froh, dass ich diese Wahl zum Vorsitzenden des rumänischen Domus-Vereins nicht angenommen habe.

Palibácsi war Mathelehrer im Kinderheim und er kannte jeden unserer Schützlinge sehr genau. Er hatte wirklich aus reiner Liebe zu den Jugendlichen gehandelt, deshalb gab es den Verein überhaupt. Es hat leider lange gedauert, bis das in mein deutsches Gehirn reinging. Aber dann haben wir als Führungsspitze wunderbar zusammengearbeitet, weil wir uns gegenseitig wertgeschätzt und unterstützt haben. Wir wussten, was der andere gut kann und haben ihn machen lassen. Er hat mir Finanzen und Organisation überlassen und es gab gegenseitig keinen Hauch Misstrauen an unserer Arbeit, wir konnten uns aufeinander verlassen und haben uns richtig gut ergänzt. Das war ein holpriger Weg, aber ein Lernfeld, dass sich wirklich gelohnt hat. Es darf auch nicht immer stur um Zahlen und Pläne gehen, sondern unser erster Auftrag ist es, die Liebe zu den Mitmenschen zu tragen und uns deshalb vorher von Gottes Liebe füllen zu lassen. Diese Liebe wird leicht überfließen, wenn man selbst wie ein Krug möglichst bis oben hin gefüllt ist.

14. Familienhaus

Dorit und mein Auftrag war es, vor Ort ein Familienhaus zu bauen und die Hauseltern zu sein. Ich erinnere hier kurz daran, dass wir vor unserer Abreise den Brunnen inspiziert haben, um ein Konzept zu erarbeiten. Und ich war mit im Sommerlager, um das Grundstück anzusehen und Pläne zu machen. Pläne machen ist gut und wichtig, so begannen Großprojekte wie der Turmbau zu Babel oder der Berliner Flughafen. Warum der Turmbau zu Babel schiefgegangen ist? Ja es hatte gut angefangen, bis dann die Kommunikation gestört wurde. Warum der BER solange auf sich warten ließ? Neben jeder Menge Unfähigkeiten nach dem Peter- Prinzip (Jeder steigt bis zur Stufe seiner Unfähigkeit) ist es wohl hauptsächlich Verantwortungslosigkeit. Das ist ein allgemeines Problem unserer Tage, das immer weniger Menschen wirklich Verantwortung übernehmen. Was gerade an Staatsgeldern hier und da verschwendet wird und sich niemand für verantwortlich hält, würde und darf in Unternehmen oder in der Familie nicht passieren. Es müssen Konsequenzen getragen werden. Und doch bin ich nicht gegen Barmherzigkeit im zweiten Schritt.

Also ich war beim Planen. Wir wollten das alte Bauernhaus mit einem bewohnbaren Dachgeschoss vergrößern, in dem wir wie gesagt kurze Zeit später auch schon wohnten. Unten gab es ein Zimmer für die Jugendlichen und unsere gemeinsame Küche mit Ess- und Wohnbereich. Nach 3 Monaten war es auch schon soweit und es gab 5 Bewohner in dem alten Haus.

Im neuen Jahr 1997 haben wir die restliche Scheune sowie die anderen, hölzernen Nebengebäude abgerissen und das große Haus geplant. Im Frühjahr haben wir losgebaut.

Rumänien ist Erdbebengebiet. Da das Haus eine komplette Kelleretage bekommen sollte, haben wir mit einer Firma zusammengearbeitet. Ich war der Bauleiter vor Ort und musste alles sehr genau kontrollieren. Ich hatte bereits abgesteckt, wo die Ecken des neuen Hauses hinkommen. Die Firma kam mit einem Lkw, der kippte 5 Schaufeln und die dazugehörigen Schaufelstiele ab sowie eine große Rolle Draht, 4 mm dick. Dann wurden die Schaufeln angestielt und meine Markierungen entfernt – ja klar, sie hätten sich genau gemerkt, wo das Gebäude hinkommt. Prima. Pustekuchen. Dann wurde eine Rampe ins Grundstück abgeschüttet und der Bagger begann seine Arbeit. Mit dem viel zu dicken Draht haben sie dann die 30 m zukünftige Häuserfront abgesteckt, aber natürlich nicht dort, wo ich das Haus haben wollte. Ich habe eine ordentliche Bauschnur angeboten, aber der krumme Draht sollte es richten. Es war spannend. Beim Fundament ausbuddeln waren wir mit den Jugendlichen tatkräftig dabei. So konnte nach einer Woche der erste Fundamentbeton kommen. Dann wurden die Schalungen für den Keller aufgestellt, die ebenfalls mit Beton gefüllt werden sollten. Es sollte ja erdbebensicher sein. Warum reiner Beton ohne Bewährung die Anforderung erfüllen sollte, wusste keiner.

Die Schaltafeln wurden schnell aufgestellt und altmodisch mit einem Lot eingerichtet. Klar hab ich meine Wasserwaage angeboten – vielmals – aber Ihr könnt es euch schon denken: es war ohne Erfolg. Es wäre so mit dem Lot fast in Ordnung gewesen. Jeden Morgen haben sie die Arbeit vom vorhergehenden Nachmittag noch mal überprüfen müssen, denn die Schalungen standen immer schief mit Abweichungen von bis zu 10 cm bei der Kellerhöhe. Da wären die schon bestellten Ziegelträger für die Kellerdecke einfach durchgefallen – nee, das musste schon genau sein. Grund dieser Schieflage war der Palinka, der üblicherweise selbstgebrannte Pflaumenschnaps, der das Lot eben nicht mehr so genau erkennen ließ, je älter der Tag wurde. Und deshalb musste jeden Morgen die Arbeit vom Nachmittag noch mal korrigiert werden.

Nach wenigen Wochen stand der Keller und wir stellten einen alten Maurermeister ein. Wir haben die beiden Etagen selbst gemauert: Der Meister, die 3 Jugendlichen und ich. Zum Ringanker und Betondecke gießen kam die Firma wieder. Die obersten Decken habe wir mit Holzbalken selber gelegt und gedielt und dann das Dach gestellt und eingedeckt. Bis zum Herbst war der Rohbau fertig und der Meister hat mit den Jugendlichen die Wände geputzt. Es begann der Innenausbau. Wir haben selbst Türen entworfen und in der Vereinstischlerei produzieren lassen. Die Fenster haben wir im Sommer bei einem in Rumänien sesshaft gewordenen, deutschen Tischler bestellt.

Weihnachten stand vor der Tür. Wie jedes Jahr kam eine Gruppe Deutscher mit den ca. 150 Weihnachtspaketen für unsere Jugendlichen. 1997 sollte nun das erste Mal Weihnachten im Rohbau-Saal des neuen Familienhauses gefeiert werden. Mitte Dezember waren aber für den Saal immer noch keine Fenster da. Mit viel Druck haben wir die 8 großen Fenster am 23.12. abends selbst abgeholt und am 24. 12. auch selbst eingebaut. Somit stand der Weihnachtsfeier mit über 100 Jugendlichen im Saal ihres neuen Familienhauses nichts mehr im Weg, nur wir waren bissel geschafft.

Wir haben wirklich viel gearbeitet. Bei Telefonaten sagten uns Malche-Schwestern: Ihr arbeitet und wir beten für Euch. Ich fand es gut und fürsorglich, aber es war im Nachhinein nicht gut, weil ich mich einfach darauf ausgeruht habe. Ich hatte dadurch eine Ausrede, warum ich selbst nicht ausgiebig beten, also mit dem Herrn Jesus sprechen musste: Ich hatte viel zu tun und das Beten übernahmen andere für mich. Aber so funktioniert das nicht, so wird keine Beziehung aufgebaut zwischen mir und Gott. Jeder muss selbst genügend Zeit im Gespräch mit Gott verbringen, denn das ist ja Beten. Nur bedeutet es auch, dass man nicht nur seine Bitten runterleiert und dann wieder weg ist, sondern wie bei einem wirklichen Gespräch eine Antwort abwartet. Und natürlich am Anfang das Danken nicht vergessen. Danke allezeit für alles. Was für ein Programm. Es gibt Menschen, die einen Gebetswecker haben, sich also aller paar Minuten ans Beten erinnern lassen. Das ist eine gute Übung, aber mit der Zeit steckt es drin und wird zu einer Haltung, zu einer Lebenshaltung, in der man nicht mehr trennen kann zwischen Gebet und Alltag. Der Alltag wird günstigstenfalls zum Gebet. Es ist ganz einfach, wenn man sich bewusst macht, dass Gott immer da ist. Wie die Luft, die immer da ist und die auch Er gemacht hat. Wie die Natur, die um uns herum ist und Er gemacht hat. Er steckt überall drin als Schöpfer. Und selbst wenn ich auf einem Stuhl sitze, hat der Stuhl einen Schöpfer, einen Menschen, der wiederum Ihn als Schöpfer hat. Gott ist der Ursprung – von allem.

Wie lief es nun im Familienhaus ab: Dorit und ich waren die Hauseltern für das jeweilige Jahresteam von 7 bis 12 Jugendlichen. Sie waren meist 18 Jahre alt und hatten deshalb das Kinderheim verlassen müssen. Vom Verhalten her waren sie eher wie 14-jährige. Auf das Leben waren sie jedenfalls nicht vorbereitet. Und alle wollten nach Deutschland, denn man konnte in Rumänien deutsches Fernsehen empfangen und alles einschließlich der Werbung wurde für das Paradies gehalten.

Wir versuchten, unseren anvertrauten Jugendlichen von der Liebe Gottes zu erzählen und für das eigene Land zu begeistern. Dorit hat mit ihnen oft Ausflüge gemacht und die auch entsprechend, zum Teil auch geschichtlich, vorbereitet. Doch das Interesse am Land und die Kenntnis von Rumänien waren sehr, sehr dürftig. So haben wir einmal gefragt, welche großen Städte auf dem Weg nach Bukarest liegen. Sie hatten von Brasov (Kronstadt) schon mal gehört, aber das war auch schon alles. Sie kannten nicht mal die nächste kleine Stadt. Die Fragen wurden immer einfacher, um doch mal eine Antwort von ihnen zu erhalten. Zuletzt hieß die Frage: Wenn ihr nach Bukarest fahrt, müsste ihr dann links oder rechtsrum vom Hof fahren?

Wir selbst wohnten im Dachgeschoss des neuen Familienhauses. Unter uns waren 3 Wohneinheiten mit kleiner Küche, Bad und 2-3- Zimmern, die als Doppelzimmer gedacht waren So konnten sie sich in dem Jahr bei uns an eine Lebensgemeinschaft auch in einer kleinen Wohngruppe gewöhnen. Im Erdgeschoß darunter war die große Küche, unser gemeinschaftlicher Essensraum, ein Second-Hand-Shop und der Saaleingang, über dem sich 2 große Schlaflager für Gruppen befanden.

Unser Tag begann morgens mit einer Andacht. Danach gab es gemeinsames Frühstück. Dann wurden die Arbeiten eingeteilt, denn auch das war wichtig, zu lernen. Wir haben immer genug im oder am Haus oder auf dem Grundstück zu tun gehabt. Am Anfang teilte ich noch selbst die Arbeiten ein, später nahm unser Hausmeister Jenöbácsi die Leute beim Bau an die Hand. Einer war immer in der Küche bei unserer liebensgewürzigen Elviraneni als Küchenhilfe eingeteilt und musste jeweils das eigene Kochbuch mitschreiben.

Jeder Jugendliche hatte auch einen Dienst am Haus wie Treppendienst, Abendessen machen, Frühstück vorbereiten, Tiere füttern, Garten und verschiedene Reinigungsarbeiten, die ja auch zum Leben dazugehören. Einmal pro Woche gab es einen gemeinsamen Hausabend. Dorit hat manchen Jugendlichen Deutschunterricht gegeben, aber auch einen Rumänisch-Lehrer haben wir geholt. Jede Woche am Freitag wurde der Lohn abgerechnet. So lernten sie rechnen und den Umgang mit dem Geld.

Dorit hat aufgrund ihrer Ausbildung auch viel an den Menschen selbst und ihren verletzten Seelen gearbeitet. Das ging so weit, dass wir für Jugendliche, die es wollten, die Eltern suchten. Die allermeisten waren keine Waisenkinder, sie wurden im Kleinkindalter im Kinderheim abgegeben, weil sie dort besser versorgt werden konnten und auch Schulbildung erhielten. Die Schule war gleich mit im Kinderheim. Manchmal sind die Eltern dann im Kinderheim wieder aufgetaucht, wenn die Kinder 14 Jahre alt waren. Denn jetzt konnten sie sie als Arbeitskräfte wieder gebrauchen. Nur sehr wenige Kinder sind dabei wirklich mitgegangen, die meisten waren wütend und immer noch sauer, dass sie abgeschoben wurden.

Es waren in dem einen Jahr zwei Brüder da, die sagten wütend: Wenn wir unsere Mutter sehen, die bringen wir um. Am Ende des Jahres bei uns wollten sie dann doch ihre Mutter suchen. Als sie gefunden war, ist Dorit mit ihnen hingefahren und die beiden Jungs haben ihre Mutter heulend umarmt. Sie besuchten sie danach jede Woche. Das kann nur Gott machen, die Herzen so zu verändern.

Wir konnten vielen jungen Menschen helfen, weil wir da waren und ihnen vermitteln konnten, dass sie für uns und erst recht für Gott wertvoll sind. So haben einige unsere Schützlinge zurück zum Glauben finden können.

Aber es ist nicht immer gelungen. Es gab Jugendliche, die sich auch nach mehreren Wochen nicht an die Regeln unseres Zusammenwohnens und -lebens halten wollten. Diese mussten wir leider verabschieden. Wir konnten niemanden zu etwas zwingen und diese jungen Kids haben die Anderen einfach nicht als Gruppe zusammenwachsen lassen.

Nach einem Jahr bei uns haben wir für die Jugendlichen eine Ausbildung oder Arbeit gesucht und meistens mit Hilfe des dortigen Domus-Vereins gefunden. Oft sind sie dann am Wochenende bei uns am Familienhaus gewesen und so wurde es auch ein wirkliches Familienhaus für sie.

Wir sind froh, dass es vorwiegend gut geklappt hat. Dabei musste den Jugendlichen sehr viel beigebracht werden. Einmal hatte ein Junge seinen ersten Küchendienst zum Abendessenvorbereiten und sollte das Brot aufschneiden. Er konnte es nicht. Er hatte mit seinen 18 Jahren noch nie ein Brot aufgeschnitten. Das hat man gesehen und er hat es fast verletzungsfrei gelernt.

Uns war es am wichtigsten, den Jugendlichen durch die Glaubensvermittlung und die Aufgaben, die sie bewältigten, in ihrem Selbstwertgefühl zu stärken. Viele sind wirkliche Christen geworden, die standhaft ihr Leben meistern.

Die üblichen Aussichten für Kinderheimabgänger in Rumänien waren, zu 60 % im Gefängnis zu landen. Wir betreuten im Verein insgesamt 250 Jugendlichen und nur 2 waren im Gefängnis. Was für ein Unterschied wir mit Gottes Hilfe machen durften!

15. Rollotec

Mitten in diesem Dezember 1997 mit den Saalfenstern in letzter Minute gab es wie nebenbei ein anderes, einschneidendes und durchaus lebensveränderndes Ereignis.

Dem deutschen Verein innerhalb des CVJM hatte ein Geschäftsmann einige Maschinen zur Produktion von Sonnenschutztechnik angeboten. Mir wurden im Dorf immer wieder Objekte zum Kauf angeboten, denn Deutsche haben ja immer und viel Geld. Ein größeres Gebäude mitten im Dorf war auch dabei. So kam der Geschäftsmann mit dem deutschen Vereinschef Ende 1997 nach Rumänien und wir begutachteten das Gebäude und ja, es wurde für gut befunden. Es gäbe einiges umzubauen – naja, das war meine Sache. Also wurde mit dem Eigentümer über den Preis verhandelt. Dann wollten wir uns bei einem Anwalt beraten lassen, was man zu einer Firmengründung benötigt. Das schien alles sehr einfach und auch ich wurde gefragt, ob ich dabei sein will. Ich sagte ja, denn der Familienhausrohbau war ziemlich weit fortgeschritten und es sollte ein deutscher Zivi als Hilfe kommen. Da konnte ich ja nebenbei noch was anderes machen. Also waren wir 3 Gesellschafter und es wurde ein Geschäftsführer gebraucht. Ja, kann ich auch machen. Aber es wurde auch noch ein einheimischer Geschäftsführer gebraucht – so wurde es uns jedenfalls gesagt, auch wenn es nicht stimmte, was sich aber erst nach vielen Jahren herausstellte. Wir haben abends einen Vereinsmitarbeiter und Fotografen gefragt, ob er das machen würde, also ob er bereit wäre. Ich hatte mit ihm schon beim Familienhausbau sehr gut zusammengearbeitet, denn er war fleißig und zuverlässig. Nachdem er am nächsten Morgen zugesagt hat, haben wir die Firma Rollotec gegründet. Spannend. Niemand wusste wirklich, was uns da erwartete.

Die berechtigte Frage steht im Raum oder jetzt hier auf Papier, ob ich das noch mal so machen würde. Nein. Ich würde jetzt eine deutliche und gar persönliche Bestätigung von Gott erbeten. Klar kann Gott auch durch Umstände und andere Menschen sprechen und deshalb habe ich mich auch irgendwie sicher in diesen Entscheidungen gefühlt: das Angebot des christlichen Geschäftsmannes, der deutsche Vereinschef, das Angebot des geeigneten Gebäudes, die Problemlosigkeit der Firmengründung, die Bauschnelligkeit am Familienhaus, der Zivi am Familienhaus – es gab durchaus viele wegweisende und passende Gründe für die Rollotec. Nicht zuletzt sollten dort die Jugendlichen auch Arbeit finden und wir sollten als Gebäudeausgleich dem Dorf ein Kulturhaus bauen, was ursprünglich mal in diesen, jetzt unseren Hallen geplant war. Es klang alles sehr vernünftig und war es wohl auch. Die Maschinen wurden im Juni 1998 in der deutschen Firma abgebaut, denn sie bekamen neue. Bis dahin waren 5 unserer Produktionsmitarbeiter einen Monat lang über ein Projekt des sächsischen Wirtschaftsministeriums in der deutschen Firma zum Anlernen. Danach wurden die Maschinen abgebaut, nach Rumänien transportiert und bei uns in Betrieb genommen.

Ich selbst war auch in der deutschen Firma zur Ausbildung, gemeinsam mit Joco, meinem Freund und 2. Geschäftsführer. Wir waren ein wirklich gutes Team und mussten beide sehr viel lernen. Die technischen Kataloge zum Sonnenschutz füllten ganze Regale. Dazu jeweils die aktuellen Preislisten, die auch wieder einzelne Kataloge in Form von großen Aktenordnern waren. Was es alles für Typen und Arten von Sonnenschutztechnik gab, war anfangs unüberblickbar. Wir hatten uns da schnell rein arbeiten müssen und nach 2 Jahren schon konnten wir den deutschen Technikern ihre Produkte besser erklären als sie selbst.

Es mussten also bis zum Sommer Leute angestellt werden und das Gebäude fertig vorbereitet werden. Preislisten mussten errechnet werden und sollten eigentlich in Lei ausgestellt sein. Aber bei der Inflation hätte man ja jeden Monat eine neue Liste gebraucht. Außerdem wären auch die Zahlen viel zu lang gewesen. Die teuerste Markise, die wir als Fertigprodukt anboten, hat 20000000 Lei gekostet, solche lange Zahlen mit der Halbwertszeit von Butter in der Saharasonne – nee.

So gab es also im Sommer 1998 die Eröffnung der Firma Rollotec. Wir waren startklar, das Gebäude hergerichtet, die Maschinen importiert und betriebsbereit, das Lager gefüllt, Stoffkollektionen erstellt, Preislisten gerechnet und die Leute ausgebildet am Start. Da wir nur auf Bestellung produzieren konnten, mussten jetzt die Außendienstler zeigen, was sie drauf haben. Es gab wirklich einen Außendienstler, der sich Bestellungen einfach ausgedacht hat, weil er es so traurig fand, ohne eine Auftrag zurück zu kommen.

Wir konnten also am Anfang selber Rollos, Vertikaljalousien und Insektenschutz produzieren. Dazu hatten wir aus Deutschland die besten Ausgangsmaterialien. Demnach hatten wir die hochwertigsten Produkte auf dem rumänischen Markt. Später haben wir dann auch Rollläden und Rolltore produziert - alles nur auf Bestellung. Die restliche Produktpalette, vor allem Markisen und Außenjalousien, haben wir als fertige Produkte importiert.

Unser erster und wirklich großer Auftrag, an ein Industriegebäude Außenjalousien mit Steuerung zu bauen, war sehr spannend. Am Ende waren 300 Motoranlagen automatisch gesteuert – das hat wirklich Spaß gemacht, als es wirklich funktioniert hat. Lustig war dann eine Frau aus Bukarest, die wir nicht kannten und die am Ende darauf bestand, dass sie jetzt für ihre Auftragsvermittlung 5000 Dollar zu bekommen habe. Da wir uns in

Unkenntnis der Frau und des ausgeschmückten Sachverhaltes weigerten, drohte sie uns, dass wir nie wieder was verkaufen werden und sie dafür sorgen wird, dass wir in Bukarest keinen Fuß in irgendeine Tür bekommen.

Wir waren trotzdem immer öfter in der rumänischen Hauptstadt und tasteten uns langsam vor in diesem Markt. Wir knüpften gute Beziehungen mit Fensterbauern und vor allem deren Lieferanten.

1999 waren Joco und ich mit meinem weißen Passat nach Bukarest unterwegs. Joco fuhr und da er einiges von mir gelernt hatte, waren wir auf dem mehrspurigen Zubringer kurz vor der Hauptstadt die langsamsten. Da kam wieder mal ein Polizeiauto mit Blaulicht an uns vorbei und hielt an - ja , sie stoppten wirklich uns. Es kann ja nun keine Strafe wegen ordnungsgemäßen Fahrens geben. Die beiden Polizisten kontrollierten die Papiere und dann sollten wir in das Polizeiauto steigen, weil wir eine Straftat begangen hätten. Meinem Freund Joco wurde zur Last gelegt, dass er ein nicht zugelassenes Auto gefahren hatte. Es hat gedauert, bis wir das verstanden haben. Es gab ein Gesetz aus den 60er Jahren, dass ausländische Fahrzeuge, die länger als 3 Monate im Land sind, auf Bukarester Nummer umgemeldet werden müssen. Wir hatten nie davon gehört, kannten aber mengenweise Menschen, die schon jahrelang mit ihren deutschen Autos und Nummernschildern in Rumänien rumfuhren. Das hat die Polizisten nicht interessiert. Der jüngere fing an, den Strafantrag auszufüllen. Das bedeutete für Joco, dass er dann kein Geschäftsführer mehr sein darf – und das zu einem Zeitpunkt, wo wir gerade erst angefangen hatten. Joco bot den beiden 2 Millionen Lei an, um das zu verhindern. „Geld macht nicht glücklich" war die einstudierte Antwort. Es war ein ganzes Monatsgehalt. Die Papiere wurden trotzdem weitergeschrieben. Joco hat versucht und versucht – es war deprimierend und die verzweifelte Angst war deutlich zu spüren. In dem Formular musste auch ausgefüllt werden, wo Jocos Frau geboren ist. Da das in der Nähe von Bukarest war, horchte der ältere Polizist auf. Er kam aus demselben Ort. Ja und er kannte Jocos Schwiegereltern. Also wollte er nun doch die 2 Millionen haben und der Fall war für ihn erledigt. Aber nicht für den jüngeren Polizisten, denn der hatte nun eine halb ausgefüllte Strafanzeige. So haben sich die beiden Polizisten gestritten und dann nach 5 Minuten doch irgendwie geeinigt. Was für eine Erleichterung. Dann hat sich der Ältere ganz freundschaftlich wie ein alter Bekannter weiter nach Jocos Familie erkundigt und gefragt, ob er Kinder hat. „Ja, ich habe 2 Töchter" sagte Joco. Da hat der ältere Polizist doch tatsächlich je 100000 Lei für jedes Kind an Joco gegeben, in aller Großzügigkeit, von Jocos bis vor Kurzem eigenem Geld. Ich bin ganz und gar kein Freund der Bestechung. Diese Lektion hieß eher „Macht euch Freunde mit dem schnöden Mammon" und das war an dieser Stelle ziemlich nötig, damit wir unsere Firma nicht gleich wieder schließen müssen. Ein Geschäftsführer mit Strafanzeige darf keiner sein. Wir waren mit schlotternden Knien sehr froh, diese 35 Minuten im Polizeiauto doch überstanden zu haben. Überhaupt war ich froh und bin dankbar, dass wir so gut zusammenarbeiten konnten und Joco ein vertrauenswürdiger Mann ist.

Natürlich musste ich weiterfahren und natürlich haben wir uns nach dem Gesetz erkundigt. Ja, es gab es wirklich und nein, es kannte sonst keiner außer unsere beiden Polizisten. Bald danach hatten wir Firmenwagen, aber es gab auch nie wieder ein Problem mit deutschen Nummernschildern.

Nach einigen Jahren eröffneten wir ein Büro in Bukarest. Wir hatten eine gute Sekretärin gefunden und suchten weitere Mitarbeiter wie Außendienstler und Monteure. Eine Wohnung hatten wir schon länger dort gemietet.

Also fuhr ich wie jede Woche früh kurz nach 4 Uhr mit dem Auto los nach Bukarest. Es waren nur 300 km, aber ich bin nie unter 5 Stunden dort gewesen – also unter Beachtung der Verkehrsregeln. Meine Kollegen waren meist 2 Stunden (!!!) schneller da als ich. Es war klar, dass sie dienstliche Strafen selbst zahlen müssen. Außerdem habe ich sie regelmäßig daran erinnert, dass die gelben, eckigen (Ortseingangs-) Schilder eine Geschwindigkeitsbegrenzung von 50 km/h vorschreiben und nicht 150!!! Übrigens bin ich wegen dieser allgemein üblichen Auffassung in Rumänien nur sehr wenig Rad gefahren, es war einfach lebensgefährlich, denn die meisten Autos waren immer viel zu schnell unterwegs.

Im Bukarester Büro angekommen, hatte ich an manchen Tagen 10 Vorstellungsgespräche, aller halben Stunde. Die Kandidaten hatte ich aus meist über 100 Bewerbern ausgesucht und die Termine gemacht, die am Vortag alle telefonisch noch mal bestätigt wurden. Von den 10 Bewerbern habe ich nur 3 gesehen, die anderen kamen einfach nicht und meldeten sich auch nicht. Da wir in diesem Fall einen Verkäufer suchten, waren Verkaufserfahrung und gutes technisches Grundwissen gepaart mit möglichst deutschen oder wenigsten englischen Sprachkenntnissen ausgeschrieben. Es hatte sich auf diese Stelle ein Geschichtsstudent gemeldet, der von alledem nichts hatte. Das war so dreist, dass ich ihn kennenlernen wollte. Am Ende hat genau er den Job bekommen und ist unser bester Verkäufer geworden. Man kann Leute kaum nach den eingereichten Papieren beurteilen, denn seine Zielstrebigkeit war sein großes Ass im Ärmel und hatte ihn auch so dreist sein lassen. Gern würde ich so wie Gott den Bewerbern direkt ins Herz sehen können, denn der ganze Papierkram hat bei keinem Bewerber zum Ziel geführt, sondern es haben eher der Charakter und die Einstellung zur Einstellung geführt.

Und es trifft ja auch für mich selbst zu. Mein Abschluss als Gartenbaudiplomingenieur habe ich auf dem Papier, aber in keinem anderen Fachgebiet habe ich so wenig Ahnung. Ich plädiere damit nicht für

Nichtlernen, sondern für praktisches Versuchen und sich trauen und vor allem Charakterbildung.

Ich kannte einen unserer Domus-Jugendlichen, der hat alles immer sehr genau beobachtet. Imre war perfekt geschaffen als Pförtner, ganz sein Ding. Da er zu dem Zeitpunkt keine Anstellung hatte, weil er grad seine Gefängnisstrafe abgesessen hatte, hat er sich über das Angebot sehr gefreut. Als er im Pförtnerhäuschen saß und seinen Dienst versah, kamen die Dorfpolizisten zu mir zu Besuch. Sie sagten mir, dass ich Imre nicht einstellen darf, weil er im Gefängnis war. Gut, sagte ich, dann hat er ja seine Strafe abgesessen und kann jetzt hier arbeiten und das hat er natürlich auch gemacht.

Ende der 90 er Jahre war es meistens auch wirklich sehr einfach, jemanden einzustellen. Die monatlichen Lohnkosten lagen für einen Mitarbeiter unter 100 Mark. Da brauchte man nicht allzu lange überlegen, eine Extra-Arbeit von einem Extra-Mitarbeiter machen zu lassen.

Mit der Zeit wurden wir bekannt im ganzen Land, hatten überall Partnerfirmen und besuchten die ConstructExpo in Bukarest, die größte osteuropäische Baumesse. Wir hatten immer selbst entworfene Stände und mit 10 Leuten viel Personal auf unseren 30 – 60 Quadratmeter großen Ständen. Oft war ein Mitarbeiter der Exportabteilung unseres deutschen Partners da.

Für mich waren die Tage immer anstrengend: Klar, alles im Blick behalten, deutsch reden mit dem Vertreter unserer Partnerfirma, ungarisch mit den Mitarbeitern, rumänisch und englisch mit den Standbesuchern – den ganzen Tag ein einziges Kauderwelsch. Aber schön war es. Bereits 3 Jahre nach unserer Gründung zählten wir zu den 3 besten Firmen für

Sonnenschutztechnik in Rumänien. Wir begannen, Milliardenumsätze zu machen, was bei der Inflation keine allzu große Kunst war.

Wir bekamen den ersten Kredit bei der ortsansässigen Bank. Wir hatten gewartet, bis die Zinsen weit genug runtergingen. Unsere ersten 2 Milliarden Lei Kredit nahmen wir mit einem Zinssatz von 55 % auf und das ist kein Schreibfehler. Im Vertrag stand dann noch eine Prozentzahl. Wir mussten festlegen, bis zu welchem Maximalzinssatz wir mitgehen, falls der mal wieder steigt. Üblich war es, dort 70% einzutragen. Meine Frage war, was denn passiert, wenn der Zinssatz wirklich wieder über 70% steigt? Die Bankdirektorin erklärte ganz sachlich, dass wir dann 24 Stunden Zeit haben, den ganzen Kredit zurückzuzahlen. Wild West ist eine Hollywoodschaukel gegenüber Wild East.

Nach 7 Jahren ungefähr begann ich, in Ungarisch zu denken. Es ist mir erst nicht aufgefallen, aber dann war es umso erstaunlicher: Ich habe mich anders verhalten, wenn ich in einer anderen Sprache gedacht habe. Ich gebe ein Beispiel: Wir hatten in der Rollotec jeden Tag 9 Uhr eine Sitzung, denn wir mussten uns in den verschiedenen Abteilungen untereinander abstimmen und im Gespräch bleiben. Ich war immer der erste, kurz vor 9 Uhr natürlich. Meine Mitarbeiter trudelten dann in den nächsten 5-8 Minuten ein. Was haben ich mich über diese Unpünktlichkeit aufgeregt. Später, so ab 2003, war das genauso, wenn ich frisch aus Deutschland wiederkam. Nach einer Woche allerdings, wenn ich wieder ungarisch gedacht hatte, war ich immer noch der erste, aber erst völlig entspannt 5 nach 9! Ich war verblüfft. Aber dann habe ich mich damit beschäftigt und Studien zu erheblichen Denkunterschieden zwischen Franzosen und Deutschen gefunden, gerade auch in Hinblick auf die Zeitvorstellungen.

Später übernahmen wir eine Tischlerei und produzierten Massivholztüren für den Export nach Ungarn. Wir hatten sogar eine eigene Holztrocknung, natürlich selbst gebaut. Die 8 Tischler schafften 100 Türen im Monat. Da wir wesentlich mehr exportieren konnten, richteten wir eine 2. Schicht ein. Für jede Tür ab der 101. gab es eine extra Prämie, die tatsächlich einem extra Monatsgehalt für jeden entsprach, wenn 200 Türen im Monat geschafft werden. Also wir hatten doppelt so viele Leute, wir hatten doppelt soviel Arbeitszeit und hatten insgeheim auf 220 bis 250 Türen pro Monat gehofft. Und? Unglaublich, aber selbst mit der doppelten Belegschaft und dem Riesenanreiz für jeden, doppelt so viel verdienen zu können, blieben es 100 Türen im Monat. Es ist mir bis heute ein Rätsel. Wir haben es ein paar Monate ausprobiert und dann wieder zurück gestellt auf eine Schicht, die wieder oder immer noch 100 Türen im Monat produzierte.

Ein Phänomen ist die rumänische Buchhaltung. Ich hatte eine Buchhalterin, die wiederum zwei Buchhalterinnen beschäftigte – also 3 Vollzeitstellen. Dazu kamen die Lagerbuchhalterin, eine Hauptbuchhalterin und einen Controller. Und das bei nur gut 50 Mitarbeitern. Die bilanzberechtigte Hauptbuchhalterin wartete im Frühjahr immer auf die Anweisungen von ganz oben, weil in jedem Jahr anders gebucht werden musste. Aber Ende April musste alles fertig sein. Nun, in der letzten Aprilwoche kamen endlich die Anweisungen. Ich machte mir keine großen Sorgen – soll man ja sowieso nicht – denn wir schrieben erstmals eine „schwarze Zahl" und die war lang: eine Eins mit 9 Nullen.

Nun gab es allerdings plötzlich eine neue Buchhaltungsanweisung für die Bilanzerstellung in dem Jahr: Alle Einkaufskursverluste mussten extra ausgerechnet und gebucht werden und schon war die Milliarde Gewinn wieder weggebucht. Dann sagte ich, dass wir im Gegenzug unser Lager auch neu bewerten müssen und die Kursverluste angleichen sollten. Aber nein, das würde ja nicht gehen – so sagte man mir. Wir haben es einfach gemacht und die Milliarde war wieder da. Kommt nix weg.

Und so hatte ich ziemlich viel in der Firma zu tun und war relativ wenig am Familienhaus. Aber wenn ich gebraucht wurde, war ich da und hatte auch genug Zeit für Gespräche mit den Jugendlichen. Die Essenszeiten verbrachten wir oft zusammen und das sind wie in jeder Familie sehr wichtige Zeiten.

Apropos Essen: Ja, das war schon eine Umstellung. Die Ungarn essen scharf und fettig. Und es gibt kein Schwarzbrot, nur weißes. Auch wenn es lecker und selbst gebacken war, so hat es bei mir doch zu einer zügigen Zunahme geführt. Als es auch Weißbrot zu Nudeln mit reichhaltiger Soße und Streukäse gab, war mir das am Anfang schon sehr komisch, aber man gewöhnt sich dran. Das gute, leckere Essen und weniger Bewegung durch kaum Radfahren haben ihre Spuren hinterlassen. Ich habe in den knapp 10 Jahren in Rumänien einen Zentner zugenommen, das sind also 5 kg pro Jahr. Das war wohl mehr als unvernünftig. Und am Abend gab es meist noch einen Becher boreskola – das ist Kola mit Wein gemischt und Eiswürfel rein. Lecker. Die Quittung kam im Jahr 2000. Bei einem Deutschlandbesuch waren wir am Tag vor unserer geplanten Rückreise wieder bei unserer Hausärztin. Ich sagte ihr, dass ich noch mehr schwitze als ohne hin schon und nach dem Abhören schlug sie vor, einen Kardiologen aufzusuchen. Ich kam dort gleich dran und noch vor dem Mittag hatte ich eine Überweisung in Krankenhaus. Also bin ich ins Krankenhaus gefahren und hab denen den Zettel gezeigt. Die holten gleich einen Rollstuhl und sagten mir, dass ich wegen Herzmuskelentzündung dortbleiben müsse. Welch Überraschung! Ich erklärte ihnen, dass das jetzt nicht geht, ich gar nicht vorbereitet bin und noch einiges Dringendes zu erledigen habe. Ich konnte 2 Stunden raus handeln, die ich für Absprachen mit der Familie und der Firma sowie zum Packen und Einkaufen von Schlafanzug und Hausschuhen benötigte. Und dann war ich 3 Wochen auf Nummer sicher und durfte nichts machen, absolute

Ruhe. Es war wohl sehr ernst und ich bin den Ärzten für diese Rigorosität im Nachhinein dankbar. Nach den 3 Wochen war es aber noch nicht erledigt, denn ich durfte noch 4 Monate in Deutschland bleiben und mich an Ernährungs- und Bewegungspläne halten.

Ich hatte dort im Krankenhaus meist ältere Zimmergenossen. Einer hatte sich meinen Namen nicht merken können. Da er aber immer wieder Hilfe brauchte, hat er nach und nach das ganze Namensalphabet durchgenommen. Ich wusste ja, wen er meint, ob er nun nach Rolf, Heinz, August oder Peter rief. Das interessanteste passierte allerdings eines Nachts. Ich hatte schon viele Geschichten gelesen, wo Leute etwas gesehen haben. Ein sächsischer Erfinder kam mit einem mathematischen Problem nicht weiter und so zeigte Gott ihm die entsprechende Formel eines Tages an der Wohnzimmerwand. In Amerika wurde einem Mann in mehreren Nächten so ein ganzer Flugzeugbauplan geschenkt, ein anderer bekam einen Bauplan für eine Maschine, die Öl aus Schiefergestein (und davon gibt es sehr viel in Amerika) extrahieren konnte. Diese Maschine hat auch wirklich funktioniert. Später haben Wissenschaftler diese Maschine umbauen und günstiger produzieren wollen, aber keine außer die nach den Originalplänen gebaute funktionierte. Nun war es bei mir nicht so spektakulär, aber mitten in der Nacht ein Wort deutlich auf der Wand lesen zu können, ist schon beeindruckend. Das Wort, welches ich sah, war Armageddon. Ich habe mir bis heute noch keinen Reim darauf machen können. Aber es war irgendwie cool und wird etwas zu bedeuten haben.

16. Geschäftsleute

Ich war nun geschäftsführender Gesellschafter und bekam eine Einladung vom schon mehrmals genannten Brunnen zu einem christlichen Unternehmerwochenende. Ich war überrascht, dass es den Begriff „christliche Unternehmer" überhaupt gibt und konnte mir nichts Genaues darunter vorstellen. So bin ich zu dem Wochenende gefahren.

Der Redner Erich Bunzmann sah aus wie einst Willi Stoph, einer aus der DDR-Führungsriege: längere, graue Haare straff nach hinten gekämmt, dicke Hornrahmenbrille, kariertes Jackett dazu, jenseits der 60, denke ich. Und dabei war er Unternehmensberater aus den alten Bundesländern. Was er erzählte, brachte mich noch mehr durcheinander. Management ist doch gleich Management, egal was man sonntags glaubt, oder? Seit wann spielt denn Christsein mitten in der Woche und noch dazu auf Arbeit eine Rolle? Oh je, wie falsch und daneben ich doch damit lag! Ich hatte mir überhaupt noch keine Gedanken darüber gemacht, weil ich bisher noch nie zu derlei Gedanken angeregt wurde. Ich hatte noch nie von christlichen Unternehmern gehört! Ich konnte mir auch nicht vorstellen, dass Gott irgendetwas mit Arbeit zu tun hatte, denn für Gott gab es ja den Sonntag, den eigentlich und theoretisch arbeitsfreien Tag.

Ab diesem Wochenende änderte sich mein Denken, meine Erwartungen – an mich und an Gott. Ich hatte unglaubliche Geschichten gehört und ihnen doch am Ende geglaubt. Ich wurde dadurch in meinem Glauben gestärkt und auf eine neue Stufe gestellt. Glauben kommt vom Hören. Das sollte einige Jahre später meine Geschäftsidee werden. Und bei Gabentests ist meine Punkteanzahl in Bezug auf Glauben weiter und weiter gewachsen. An eine Geschichte von diesem Wochenende erinnere ich mich sehr genau, weil sie so ein unglaublicher Augenöffner war – also mit der Zeit, denn der Groschen fiel nur pfennigweise bei mir:

Der Unternehmensberater betreute einen quirligen Schweinebauern mit einem tollen Projekt für 1 Million DM, welcher aber nur 30000 DM Eigenkapital und damit eigentlich eher gar keine als keine Chancen hatte. Es wurde dennoch ein Banktermin in Hannover gemacht und beide fuhren zusammen dahin. Sie kannten die Bank nicht. Beim Eintritt in die Bank kam ihnen der Bankdirektor entgegen und begutachtete die Visitenkarte des Unternehmensberaters. Ja, sagte der Direktor, von Ihrer Firma waren grad 2 Leute da, wir haben alles besprochen und die Verträge vorbereitet, Sie müssen nur noch unterschreiben. Der Unternehmensberater winkte ab und sagte, dass es ein Irrtum sein müsse, denn er hat nur einen Mitarbeiter und der sei wo anders. Nein, sagte der Bankdirektor, es ist genau die Firma, ich erkenne das Firmenlogo auf der Visitenkarte, kommen Sie nun zum Unterschreiben.

Ja, das hatte ich auch gedacht: Das gibt es nicht, das kann nicht sein. DOCH. Es war nur die erste Knallergeschichte für mich, deshalb war ich mehr als skeptisch. Kann es nicht sein, weil es nicht sein darf? Ist es unmöglich, nur weil ich es mir nicht vorstellen kann? Sollte Gott etwas unmöglich sein? Das Wort unmöglich gibt es nur wegen des beschränkten oder eingeschränkten Horizontes der Menschen. Gott bräuchte das Wort nicht. Aber Er liebt uns und so dürfen wir unser Unvermögen ausdrücken und das Wort unmöglich verwenden. Es gibt heute noch Wunder. Das ist mindestens so sicher wie das Amen in der Kirche.

Ein christlicher Unternehmer ist also wirklich etwas Besonderes – das durfte ich an diesem Wochenende zum ersten Mal hören und erleben. Und ich weiß, dass es so viele Menschen gibt, denen diese Vorstellungskraft von Gottes Liebe und Wirken im heutigen Arbeitsalltag genauso unbekannt ist wie mir vor diesem Wochenende. Ich freue mich und bin glücklich und dankbar über den Dreifaltigen und all die Menschen, die mich durch ihre Geschichten und Erfahrungen gelehrt und vorangebracht haben auf einem Weg, der spannend war, ist und weiterhin sein wird.

17. Zugehörigkeiten

Die Entwicklungen gingen weiter. Ich habe mich weiterentwickelt als Christ, als Unternehmer und als christlicher Unternehmer. Ich war weiterhin auf solchen Wochenenden bzw. Seminaren und ich habe ein Buch empfohlen bekommen, das wesentlich zu meinem neu eingeschlagenen Weg beigetragen hat. Das Buch heißt ' Business ohne Grenzen' und wurde von dem Schweden Gunnar Olson geschrieben. Ich durfte ihn später persönlich treffen - ein wunderbarer Mensch und durchaus ein Vorbild. Er hat die ICCC, die Internationale Christliche Handelskammer, gegründet, nachdem er einige Jahre skandinavischer Präsident der FGBMFI war. Das wiederum ist die Full Gospel Business Mens Fellowship International (Geschäftsleute des vollen Evangeliums, Internationale Vereinigung). In beiden Vereinen bin ich Mitglied.

Außer im ADAC und im Kleingärtnerverein bin ich noch Mitglied in der FEG Brandis - meine Gemeinde - und seit allerneuestem im Verein CHAJIM - Verein zum Leben, der mehrere Hilfsprojekte weltweit unterstützt. Ich wollte es an dieser Stelle nur mal kurz der Vollständigkeit halber hinzufügen.

Die Firma Rollotec entwickelte sich weiter, wir wurden bekannter und bekamen immer größere Aufträge. Schöne Aufträge. Zum Beispiel den Porsche -Glasturm in Bukarest, der von uns Außenjalousien bekommen hat.

Auch unsere Arbeit am Familienhaus entwickelte sich weiter. Wir sollten ja in den ursprünglichen 5 Jahren außer Bauen und Aufbauen auch an einheimische Hauseltern übergeben, was uns dann mit einem Jahr Verspätung gelungen ist.

Wir selbst hatten nun mit der Firma noch einiges zu tun und für Dorit gab es noch jede Menge Nachbereitung mit den Jugendlichen, so dass wir noch eine Weile in Rumänien bleiben wollten. Wir wollten uns dafür ein eigenes Haus bauen, mit meinem Freund und 2. Geschäftsführer und seiner Familie zusammen. Wir haben jeder einen passenden Ort gesucht und als wir einen gemeinsamen Bauplatz gefunden hatte, hat Joco das Land gekauft, denn das war für mich als Ausländer verboten. Ich habe das Haus geplant in einem 3D- Programm, so dass wir schon vor Baustart durch das Haus laufen konnten.

2002 bauten wir zusammen mit einer Firma unser Doppelhaus. Nach wenigen Wochen war der Rohbau fertig, noch vor Weihnachten. Dann haben wir innen ausgebaut und im nächsten Sommer schon drin gewohnt. Oft hatten wir unsere Bandproben da drin, eine Band mit bis zu 11 Mitgliedern. Die Band hieß Kairos, das bedeutet Gotteszeit. Wir haben einmal im Monat den Jugendgottesdienst in der katholischen Kirche ausgestaltet und ein paar Konzerte veranstaltet - ach war das schön.

Irgendwann stellten sich unsere Kinder ein. Wir waren sehr aufgeregt, als Dorit das erste Mal schwanger wurde. Es war klar, dass die Geburt in Deutschland sein soll. Wir sind so privilegiert und wollten die beste Versorgung für Mutter und Kind. Die monatlichen Untersuchungen konnten natürlich auch in Rumänien gemacht werden. Bei einer dieser Untersuchungen in Rumänien im 5. Monat wurde leider festgestellt, dass das neue Leben keines mehr war. Unser erstes Baby war bereits gestorben. Die Operation wollte Dorit aber nicht dort in Rumänien machen lassen. So haben wir schnell gepackt und sind das erste und einzige Mal die 1600 km durchgefahren. Am nächsten Vormittag waren wir im Krankenhaus in Sachsen. Während der Fahrt gab es nicht viel zu reden, wir hatten ein totes Kind an Bord. Es war schrecklich. Sind alle diese ungeborenen Kinder im Himmel und trifft man sich dort? So können wir unseres doch noch kennenlernen.

2003 wurde dann doch ein gesundes Kind geboren und es entpuppte sich als Junge: unser Maximilian. Man hatte vorgeburtlich bereits festgestellt, dass die eine Niere nicht richtig abläuft. Das wäre nicht so schlimm. Nach 10 Wochen wurde er dann doch plötzlich in Leipzig operiert. Ich habe mich sehr gewundert, wie fingerfertig und präzise man bei so einem klitzekleinen Bündel operieren kann. Es hat alles geklappt, Gott sei Dank. Im Sommer konnte die Familie dann wieder zusammen in Rumänien in unserem Haus wohnen. Dann hat sich 2005 ein weiteres Kind angekündigt. Auch dieses wurde wieder in Riesa geboren. Unser zweiter Junge Friedrich war ein gelbes Bündel, denn er hatte lange Gelbsucht. Trotzdem konnte er schon mit 3 Monaten mit nach Rumänien.

Weihnachten 2005 wollten wir dann wieder auf Heimaturlaub in Deutschland sein. Da ich von unserer deutschen Partner-Firma eine Einladung zu einer Produktpräsentation nach Salzburg hatte, sind wir eine Woche eher als geplant gefahren und hatten so noch genug Zeit, eine Malcheschwester in Düsseldorf zu besuchen. Ich hatte dort ein günstiges Hotelzimmer gebucht und wir kamen alle 4 am Abend dort an. Dorit ist sofort ausgestiegen und ging erst mal in die Toilette. In der Zwischenzeit hatte ich uns im Hotel angemeldet und wartete auf sie, um gemeinsam auf´s Zimmer zu gehen. Sie kam nicht. So habe ich nach ihr gesehen und sie neben der Toilette zusammengebrochen gefunden. Ich habe sie da rausgeholt und auf das Sofa im Foyer gelegt. Nach weniger als 5 Minuten waren sogar 2 Notarztteams da und haben sie in die Uniklinik mitgenommen. Ich brachte schnell unsere Sachen ins Zimmer und bin mit den Jungs hinterhergefahren. Ein ganz junger Arzt hat sehr dramatisch getan, sie müsse sofort operiert werden, denn sie hat wohl eine Hirnblutung und man hätte gar keine Ahnung, wie das in dem Falle ausgeht.

18. Hirnblutung

Meine Sorge galt unserem nicht mal 4 Monate alten Friedrich, der bis dahin voll gestillt war und dessen Zeit zur Fütterung nun wieder kam. Nein, die Mutter muss in den Operationssaal, jetzt kann nicht gestillt werden, er muss warten. - Ja klar, wenn das Baby Hunger hat, schreit es und das wird gleich passieren. - Ja, aber sie wüssten jetzt auch nicht, was man machen kann. - Das ist doch eine Uniklinik? - Ja. - Und da gibt es doch bestimmt auch eine Kinderabteilung? - Ja. - Und da gibt es doch bestimmt auch Fläschchen für neue Kinder. - Ja. - Na dann lassen Sie schleunigst 2 hier herbringen. - Eine gute Idee, das können wir machen.

So hat Friedrich sein erstes Fläschchen bekommen und auch Maxi, der gut 2 Jahre alt war, hatte gerne eine genommen bei dem ganzen Stress. Und nein, ich hatte keine, aber Stress. Nach der Operation wurde Dorit auf die Intensivstation verlegt. Sie war nun im künstlichen Koma. Es klingt vielleicht komisch, aber es war der beste Ort der Welt, wo es passieren konnte, wenn es schon so passieren sollte. Denn einerseits war es nah an der Uniklinik, so dass sie schnellstmögliche Hilfe bekam und andererseits ist Düsseldorf eine der ganz wenigen Kliniken mit einer neurologischen Intensivstation. Wenn wir nicht genau dahin gefahren wären und noch dazu diese eine Woche eher, dann wäre es vielleicht in Rumänien passiert. Dort wäre Dorit bei der Schwere der Blutung sicher gestorben. Nun kann man sich eine Situation schönreden oder aber bei aller plötzlich unerträglichen Schwere doch die Führung Gottes und seinen Schutz sehen. Das klingt an der Stelle komisch und war auch nicht mein erster Gedanke, aber ich wollt es hier schon mal klarstellen und habe später noch über ähnliche Situationen zu berichten.

2 junge Ärztinnen haben mir dann kurz nach der Operation Dorits beschrieben, was gemacht wurde und wie es weitergeht. Sie waren besorgt

und haben Hilfe angeboten. Sie wollten das Jugendamt anrufen, denn ich könnte mich ja jetzt in der dramatischen Lage nicht um die beiden kleinen Kinder kümmern, die sollte ich lieber abgeben. Das kam für mich nun überhaupt nicht in Frage. Ich hatte bereits meine Eltern informiert und mein Bruder brachte sie über Nacht nach Düsseldorf. So haben wir uns Sonntag in aller Frühe im Hotel getroffen und sind um 7 Uhr losgezogen, um Babynahrung zu kaufen. Erst in der 4. Apotheke haben wir etwas bekommen, Babynahrung wäre ja wohl kein Notfall. Und ob! Für die Nacht hatte ich noch 2 Fläschchen aus der Klinik mitgenommen.

Am Dienstag kam Dorits Schwester und blieb ein paar Tage bei ihr. So konnte ich mit den Eltern und den Kindern wieder zurück nach Sachsen fahren, denn wir hatten für unsere Jungs einige Untersuchungstermine, die wir so noch einhalten konnten. Danach fuhr ich wieder nach Düsseldorf und habe Dorit jeden Tag mehrmals besucht. So verlief die Weihnachtszeit im Jahr 2005.

Komapatienten sollte man ernst nehmen. Es kann sein, dass sie alles mitbekommen. Also wurden in ihrem Einzelzimmer mit Vollpension Bilder und bekannte Dinge wie ihr Schal aufgehangen. Man redet mit ihr ganz normal, wobei es schon bissel komisch ist, weil ja keine Reaktion kommt. Ich habe CDs abgespielt, meisten die von PUR – ´20 Jahre eine Band´ mit „Prinzessin" natürlich und mit dem perfekten Titel für die Intensivstation: „Immer noch da"! Das war ´ne tägliche Ansage.

Die Jungs waren bei meinen Eltern sehr gut aufgehoben. Das schreibe ich voller Hochachtung und Dankbarkeit, denn plötzlich von einem Tag auf den anderen sich um ein Baby und ein Kleinkind so rührend zu kümmern, war Spitze und hat uns allen sehr gut getan. Vielen herzlichen Dank für alle Mühen auch an dieser Stelle.

Nach 4 Wochen Koma wurde die zur Druckminderung entnommene, ca 5 cm runde Schädelplatte wieder eingesetzt. Weil ich glücklicherweise eine Patientenverfügung hatte, durfte ich bestimmen, dass Dorit von Düsseldorf in die Heimat nach Dresden zur Reha kommt. Dann sah mein normaler Tagesablauf wie folgt aus:

Gewohnt und geschlafen haben die Jungs und ich bei meinen Eltern in Nünchritz an der Elbe. Das liegt zwischen Riesa und Meißen, nur falls es jemand noch nicht kennt. Wir hatten ja keine Wohnung in Deutschland. Vormittags war ich mit den Kindern zusammen, habe für meine Firma in Rumänien Dinge erledigt, Angebote geschrieben, technische Details geklärt. Ich habe viele Briefe geschrieben, denn es gab eine Menge Beter und Fürbitter, die die neuesten Infos brauchten und wir waren auf diese Unterstützung angewiesen. Dann bin ich nach dem Mittag die anderthalb Stunden zur Reha-Klinik gefahren. Dort habe ich dann den Therapiefortschritt beobachtet, mir Hoffnungen machen und nehmen lassen. Als das Schlucktraining wirkte, gab es eine interessante Untersuchung zur Schluckfreigabe, um zu sehen, ob alles wieder richtig funktioniert und Dorit wieder beginnen darf, selbst zu essen. Die Ernährungssonde war nach den vielen Wochen dann doch sehr lästig geworden. Abends habe ich mich um ihr Abendbrot gekümmert und sie dann für die Nachtruhe vorbereitet. Nach 20 Uhr fuhr ich die anderthalb Stunden wieder zurück.

Es ging schleppend vorwärts, denn ihre linke Seite blieb gelähmt. Ich hatte dennoch volles Vertrauen, dass alles wieder gut wird, denn wir haben ja einen guten Gott. Er wird es wohl richten. Wie schon erwähnt gab es sehr viele Beter und auch ich habe viel Kraft und Zuspruch durch Gott und Mitmenschen infolge von Gebeten erlebt. Klar waren manchmal die Sorgen groß. Aber ich bekam jeden Tag neu und immer wieder die ausreichende Portion Mut und Tatkraft.

Leider, aber verständlicherweise lief die Firma nicht mehr so reibungslos, wenn der Chef nicht da ist. Nach fast 3 Monaten Reha und 2 Wochen vor Ostern begab ich mich wieder auf den Weg nach Rumänien. Erste Station auf dem Weg war es natürlich, Dorit in der Reha zu besuchen. Dort teilte man mir mit, dass sie in 2 Wochen, noch vor Ostern entlassen werden soll. Ich war geschockt! Ich habe gesagt: Nein, das geht nicht! Ich bin direkt auf dem Weg nach Rumänien, bin dort für gut eine Woche und außerdem haben wir noch keine Wohnung in Deutschland. Das ist unmöglich! Die Sozialarbeiterin hat sich aber nicht beirren lassen. Außerdem kann Dorit ja noch gar nichts, wandte ich ein. Das würde keine Rolle spielen, entgegnete sie, denn nach 3 Monaten Reha geht es nicht mehr zu verlängern und ein Therapiefortschritt ist grad nicht absehbar. Na prima. Und was nun? Wir empfehlen Ihnen eine Kombipflege und Gründonnerstag holen sie ihre Frau. Wie Kombipflege? Na Pflegedienst zum Duschen und den Rest macht jemand anders – Sie vielleicht? In völliger Unkenntnis des auf mich zurollenden Kilimandscharo sagte ich: Naja, ich bin ja ihr Mann, ich mach das schon.

Also bin ich doch nach Rumänien gefahren und habe telefonisch mit meiner Mutter besprochen, dass sie uns derweilen eine Wohnung bei sich in der Nähe sucht. Ich kam etwas eher aus Rumänien zurück und war Freitagabend schon da. Die Wohnung war gemietet und wurde bis zum Montag zusammen mit lieben Helfern renoviert.

Montag wollte ich einen Rollstuhl im Sanitätshaus besorgen, aber es wurde zuerst mal ein Rezept dafür gebraucht. Also fuhr ich zum Hausarzt, aber der konnte keines ausstellen, weil ja Dorit noch in Behandlung in der Reha war. Ich müsste Gründonnerstag dann mit ihr bei ihm vorbeikommen und bekomme das Rezept. So bin ich also wieder ins Sanitätshaus gefahren und ließ dort sehr bestimmt und energisch einen Rollstuhl für Gründonnerstag reservieren.

Ich suchte einen Pflegedienst und bestellte den für Gründonnerstag Nachmittag. Wir besorgten Windeln und Laken, Toilettenstuhl und den ganzen Kram. Dann war das Problem mit dem Bett. Ein Pflegebett kaufen? Nee, das war nicht drin. Also kaufte ich Dienstag Bretter, elektrische Lattenroste, Matratzen und habe am Mittwoch selbst ein hohes Doppelbett zusammengebaut. Selbst ist der Mann. Hauruck.

So war also alles auf den Punkt für die Heimholung vorbereitet. Ich fuhr zur Klinik und holte Dorit ab. Dann ging es zum Hausarzt für das Rollstuhl-Rezept. Überraschenderweise vertrug sie leider das Autofahren nicht mehr und hat sich erbrochen. Notdürftig habe ich es unterwegs versucht zu säubern, musste aber den Doktor bitten, die Patientin am Auto zu begutachten. So ersparte ich uns beiden, sie reinzutragen. Aber das hätte ich lieber gemacht, als den Gestank aushalten zu müssen.

Nun waren wir also zu Hause, hatten tatsächlich einen Rollstuhl und alles andere, was von Nöten war. Und ich war Pfleger, ohne jegliche Vorbereitung. Das war nun die neue Normalität und da war nichts, was ich jemals vorher für normal gehalten hätte. Ich bin froh für alle Unterstützung, die wir in dieser Zeit erhalten haben. Am wichtigsten waren zunächst meine Eltern, die sich wunderbar um unsere Jungs gekümmert haben. Nach ein paar Wochen haben wir Maxi wieder zu uns genommen und danach auch bald Friedrich. Damit war die Familie wieder komplett und wir mussten uns trotzdem ganz neu finden.

Ich musste ein Pflegetagebuch führen und da war wirklich viel zu tun, in den ersten Wochen waren es über 8 Stunden am Tag. Dann noch die Jungs, die Firma, eine ganz und gar ungewissen Zukunft. Da kam unerwartete Hilfe von unseren deutsch-schweizerischen Freunden aus Rumänien.

19. Neuanfang in Deutschland

Ich musste ja immer mal wieder in Rumänien nach meiner Firma und den Mitarbeitern schauen. Dabei habe ich auch unsere Freunde Anna und Peter Franck in ihrem siebenbürgersächsischen Dorf besucht. Man könnte Bücher füllen mit Geschichten von den beiden. Anna ist Schweizerin und war viel mit „Jugend mit einer Mission" unterwegs. Der 20 Jahre ältere Peter ist ursprünglich Hamburger, der in seiner Hippiezeit in Amerika gelebt hat. Sie haben sich in Rumänien kennengelernt. Es sind ganz besondere Menschen und wir sind sehr froh und dankbar, mit ihnen befreundet zu sein. Und das mit dem Bücherfüllen macht Peter seit sehr langer Zeit selber – er schreibt über sich und Gott und die Welt, also eine Menschheitsgeschichte. Ich kenne niemanden, der so viel Geschichtswissen gefuttert hat und vor allem auch noch die Querverbindungen und großen Entwicklungsbögen sieht. Es sind empfehlenswerte und weisheitsvolle Bücher. So viel zum durchaus berechtigten Werbeeinschub.

Anna und Peter haben uns ein wunderbares Angebot gemacht: Nach 15 Jahren in Rumänien hatten sie sowieso überlegt, wegzuziehen. Ihre beiden Töchter waren damals in der Grundschule. Die lief dort noch so ab wie bei uns vor 100 Jahren. Es waren alle Kinder der 1.-4. Klasse zusammen in einem Raum. Sie sollten nun eine bessere Ausbildung erhalten und so hatte die ganze Familie angeboten, mit uns zusammen zu ziehen und uns so zu unterstützen. Wir wollten ein Objekt suchen, wo beide Familien wohnen können und man auch von Zuhause aus noch arbeiten kann. Eine Pension fanden wir sehr passend. Vor allem passte es zu Annas herzlicher und gastfreundlicher Art.

Auf einer meiner Fahrten nach bzw. schon in Rumänien kam mir beim Nachsinnen über die ganze Situation und die Zukunft plötzlich ein altes Jugendlied in den Sinn: ´Kommt und sagt es allen Leuten, helft, dass es auch die Blinden sehen, …´ Da war für mich augenblicklich klar und deutlich, dass ich ein Tonstudio aufmachen soll, um die augen- und herzblinden Menschen mit der guten Botschaft zu erreichen. Es gibt so Momente, da ist man sich sicher, dass Gott gesprochen hat. Das ist sehr schwer zu erklären. Man weiß es einfach. Es heißt ja in der Bibel: Meine Schafe hören meine Stimme. Und genau diese schafige Gewissheit der Hirtenstimme, die einen immer wieder mit Freude erfüllt, die war es.

So war also im Frühsommer 2006 die Situation: Meine Frau ist ein Pflegefall, wir bekommen Hilfe von unseren Freunden und versuchen, irgendwo zusammen zu wohnen und zu arbeiten -möglichst mit Pension. Außerdem müssen unser Haus und die Firma in Rumänien verkauft werden.

Bei einem meiner Besuche dort haben wir auch einen Käufer gefunden. Mit dem vereinbarten Kaufpreis konnten wir alle Verbindlichkeiten und Krediten bezahlen und unser eigenes Geld, was wir in die Rollotec investiert hatten, zurückbekommen. Damit wollten wir uns an dem neuen Wohnobjekt mit unseren Freunden in Deutschland beteiligen.

Wir hatten auch schnell ein Gebäude in Sachsen gefunden: Es war die ehemalige Schule meines Vaters in Seußlitz, direkt am schönen Elberadweg. Na dann braucht man ja die Pensionsgäste von Radweg aus nur reinschubsen. Aber als es an die genauere Planung und Zimmerverteilung ging, merkten wir, dass es zu klein ist.

Also haben wir etwas Größeres gesucht. Ich habe dann in einem Auktionskatalog ein Herrenhaus an der Mulde gefunden. Eines Sonntagnachmittags sind wir mit Peter und Anna die Stunde dahingefahren, um es anzusehen und einen Eindruck zu bekommen, ob es etwas für uns wäre. Und es war wirklich beeindruckend, so dass man mehrmals den Hinweis „viel zu groß" hören konnte. Ja, es war riesig: 33 m lang, 2 Etagen, 12000

Quadratmeter Grundstück. Da es 4 Jahre leer stand, waren Haus und Park nicht gerade in Topform. Und weil wir nun einmal da waren und hinten ein Fenster offenstand, sind Peter und ich reingeklettert und haben uns drin umgesehen. Es gab einen 6x10 Meter großen Innenhof und rundherum waren mengenweise Zimmer. Oben waren die Zimmer und Deckenhöhen ganz normal, aber unten gab es eher herrschaftliche Zimmer oder gar Salons, zum Teil mit Stuckdecken, fast 4 m hoch. Es roch allerdings wie im Krankenhaus, denn es war zuletzt ein Altenheim und die Reinigungsmittel lagen noch in der Luft. Eigentlich waren sie eher im Boden, wie wir später bemerkten. Meine Meinung zu dem Haus war: „Ja, sehr groß, aber genau richtig“. Nun - ich habe gerne viel Platz und brauch auch sowieso etwas mehr, denn ich wiege ja auch soviel wie mindestens 30 Babys und den Platzbedarf muss man sich mal ausmalen. Ein paar Tage später sind wir dann noch mal offiziell im Gebäude gewesen.

Wir waren übereingekommen, dass wir das Grundgebot für dieses Herrenhaus abgeben und damit an der Versteigerung teilnehmen wollen. Diese war auf einer Baumesse in Halle. Keiner von uns hatte Erfahrung mit Auktionen und so mussten wir anhand der 30 Objekte, die vor uns dran waren, schnell lernen. Wir hatten ein Höchstgebot beschlossen und waren uns im Gebet einig, dass es Gottes Wille ist, wenn wir es bekommen sollten. Die Hoffnung schwand schnell. Denn wenn eines der besseren Objekte vor uns aufgerufen wurde, dann boten immer gleich mehrere Parteien am Anfang, bis dann 2 übrig blieben, die sich gegenseitig überboten, bis es in die Hunderttausende ging.

Wir saßen in der 3. Reihe auf der linken Seite. Nun kam „unser Herrenhaus“ unter den Hammer. In den folgenden Sekunden sollten sich nun Schicksalsweichen stellen – wir waren alle sehr angespannt. Sofort stürzten sich 7 oder 8 Parteien auf das Haus. Jedes Handheben erhöhte das Gebot um 1000 Euro. Es ging so rasant, dass selbst die Auktionatorin nicht hinterher kam, so reges Interesse gab es an dem Herrenhaus. Es ging ohne Pause Zack Zack und schon waren wir in der Nähe unseres vereinbarten Höchstgebotes. Jetzt müsste sich also Peter im richtigen Moment noch einmal melden und …. Da tat er es auch, aber zu zeitig! Er blieb damit 1000 Euro unter unserem eigentlichen Höchstgebot und somit war es das, denn er konnte sich ja selbst nicht überbieten. Ich hatte das Haus abgeschrieben, das konnte nichts werden, denn bis dahin waren die anderen 7 Anbieter fleißig mit am Bieten. Aber die ganze Masse blieb plötzlich regungslos. Stille. Auch die Auktionatorin konnte es nicht fassen, denn die Gebote sprudelten doch gerade noch wie aus einer nie versiegenden Quelle. Es blieb still und regungslos. Die fassungslose Auktionatorin musste nun etwas machen. Sie fasste die Lage zusammen: Wir haben das letzte Gebot gehört. Bietet jemand mehr? Nix. Stille Starre. Da musste sie ihren Hammer nehmen und sagte: Der Herr in der Mitte hat das letzte Gebot abgegeben. Bietet jemand mehr? Pause. Uuuund Hammerschlag. „Zum ersten". Gespannte Stille. Was war hier los? Waren alle verstummt? Sie wiederholte sich, etwas ausführlicher mit Objektbeschreibung und Frage wieder: „Bietet jemand mehr". Weiterhin regungslose Stille. Da kam in mir doch wieder Hoffnung auf. Und noch einmal holte sie wortreich aus „Der Herr in der Mitte hat zuletzt für das Objekt … geboten und bietet jemand mehr? Ungläubig schwebte der Hammer für mehrere Sekunden in der Luft. Ich dachte: „Na los, nun klopp endlich drauf" Sie ließ sich lange Zeit, bis dann doch der Arm zu schwer wurde und der Hammer runterfiel: „Zum dritten". Unglaublich!!! Jetzt war der große Kasten unser Haus. Und dass es Gottes Wille und sein Zutun war, hatte die Auktionatorin mit ihrer Beschreibung verdeutlicht. „Der Herr in der Mitte" sagte sie mehrmals, obwohl wir vorn links saßen. Aber wir haben verstanden, wie es gemeint war.

Wir wussten, dass in diesem spannenden Moment etwas sehr Wichtiges und Außergewöhnliches passiert war und dass wir auf Gottes Wegen wandeln. Wir wussten aber auch, dass da eine Menge Arbeit auf uns wartete. Das dämpfte etwas die eigentlich freudige Stimmung.

Das erste, was wir dann an Arbeiten erledigten, waren Außenarbeiten, denn das Abwasser musste noch angeschlossenen werden. Da haben wir im September eine Menge gebuddelt.

Anfang Oktober bin ich dann noch mal nach Rumänien gefahren, um mit dem 2. Gesellschafter die Firma an die Käufer offiziell zu übergeben. Es mussten eine Inventur gemacht und die Unterschriften geleistet werden. Bei einem ersten gemeinsamen Treffen mit den Käufern kurz nach unserer Ankunft wollten wir uns darüber abstimmen. Sie überraschten uns mit einem neuen ´Angebot´. Sie wollten nun 60000 Euro weniger bezahlen. Das war ja nun kein Angebot in dem Sinne. Denn der Kaufpreis war im August schon verhandelt und ich wusste, dass sie genug Geld haben und wir jeden Cent brauchten. Also tat ich es ab und sagte, dass wir jetzt die Inventur machen und am Mittwochnachmittag die Zahlen fertig haben.

Mittwochnachmittag trafen wir uns wieder und übergaben die Inventurlisten. Da begannen sie wieder mit diesem komischen Angebot, was ja nun wirklich keines war. Ich sagte, dass wir den Preis verhandelt haben und sie jetzt mit dem Quatsch aufhören sollen. Sie blieben aber dabei und sagten wortwörtlich: „Unser Angebot steht noch 24 Stunden und wird danach jede Stunde 10000 Euro weniger." So verließen sie uns. Wir waren sprachlos und geschockt. Was war das denn? Ist das jetzt wirklich Ernst? Das kann doch nicht sein, oder?

Wir riefen für den Abend einige deutschsprachige Christen zusammen und beteten und beratschlagten - irgendwie ergebnislos. Auch drüber zu schlafen hatte nichts gebracht. Wir brüteten an einer Lösung. Wir beteten, grübelten, telefonierten. Das Einzige, was uns bis Mittag einfiel, war, einfach weiter machen zu müssen und gar nicht zu verkaufen. Das war aber auch keine gute, sondern maximal eine Notlösung, denn ich konnte ja nur noch selten kommen und der andere Gesellschafter war auch in Deutschland eher gebunden. Also riefen wir schnell eine Mitarbeiterversammlung ein und schilderten unseren Angestellten die Dramatik. Wir sagten, dass wir unter diesen Umständen nicht verkaufen können und weiterarbeiten werden. Die völlig überraschend-schockierende Antwort aller anwesenden Mitarbeiter war: “Wenn Ihr heute nicht verkauft, kommen wir morgen nicht mehr!“

Wir hatten es eh irgendwie mit Mafia-Methoden zu tun, wie ich die ´Angebote´ der Käufer bezeichnen würde. Aber diese kaltblütig-freche Erpressung war ja nun wohl die Höhe! Ich kann nicht sagen, ob ich mehr aufgebracht, wütend oder enttäuscht war. Ich hatte zu jedem Mitarbeiter ein gutes, persönliches Verhältnis, hab sie auch im Privaten unterstützt, wo es nur möglich war, hatte immer ein offenes Ohr für sie, war mit manchen sogar in unserem Firmengebetskreis und ALLE beteiligten sich nun an dieser Gruppenerpressung? Ich hab sie über 7 Jahre lang über Landesdurchschnitt bezahlt und soll nun 60000 Euro verlieren, weil sie keine Lust haben oder was??? Stocksauer war ich, selbst wenn das ein komisches Wort ist, aber es passt. Und das bin ich ehrlichgesagt auch danach noch mehrere Jahre geblieben, stocksauer auf diese Mitarbeiter. Es war offensichtlich, dass sie von dem Käufer bestochen waren, auch wenn ich diesen Punkt nicht beweisen kann. Ich wurde so zu einer Entscheidung gezwungen, die niemand freiwillig, sondern nur ohnmächtig trifft – ohne Macht, ohne Ausweg und wahrscheinlich auch ohne Zukunft. Ich sah es als einzigen Weg und entschied, dass ich auf mein Geld, das Geld meiner Familie, welches in der Firma steckte und wir für den Neuanfang unter den erschwerten Bedingungen in Deutschland dringend brauchten – dass ich auf dieses Geld verzichten musste. Die Situation dort in Rumänien ließ sich nicht anders lösen. Die Aussichten für mich waren düster, denn wir hatten nichts, keine Finanzen für unseren Neustart in Deutschland oder geschweige denn für die vereinbarte Beteiligung am bereits ersteigerten Herrenhaus. Das waren wirkliche Herzschmerzen, im Kopf ist ein großer Knoten, der im Kreis rotiert. Fremdbestimmt, unverstanden, gedemütigt, über den Tisch gezogen, der Ohnmächtigkeit preisgegeben. Jedes einzelne dieser Gefühle ist sehr unschön, aber das Paket war kaum zu bewältigen.

Auch eine weitere Gebetszeit hatte keine Aufhellung gebracht und so informierte ich eine Stunde vor Ablauf des Ultimatums den Käufer, dass wir auf sein ´Angebot´ eingehen werden müssen. Eine halbe Stunde später saßen wir zusammen und haben die Papiere unterschrieben. Es wollten noch weitere Forderungen durch den Käufer aufkommen, aber dazu hatte ich überhaupt keine Laune und so waren wir schnell fertig. Mein Bedürfnis, Leute zu sehen, war an diesem Tag bis oben hin gestillt. Wir sind ziemlich schnell und direkt zurück nach Deutschland gefahren. Bloß weg da. Die Entfernung hat den Schmerz nicht besiegt, denn der war in mir und so hatte ich ihn mit nach Deutschland genommen.

Das brachte nun unsere Pläne gehörig durcheinander und hat leider auch unsere Partner am Herrenhaus schwer enttäuscht, denn so war diese Partnerschaft ja nicht geplant. Ich hatte auch keine Ahnung, wie es sonst weitergehen sollte, denn mit dem wenigen Arbeitslosengeld und Dorits Rente waren ja nun gar keine Sprünge zu machen. Ich wollte mich nie absichtlich vom Geld abhängig machen, aber es wurde doch so dringend für unsere gemeinsamen Pläne gebraucht! So war ich schon ins Zweifeln geraten, ob denn Gott wirklich der Versorger ist. Ich hatte absolut keine Ahnung, wie es nun weiter gehen soll. Ich blieb allerdings bei meiner Überzeugung, dass es schon irgendwie wird. Dieser Optimismus war, ehrlich geschrieben, nicht direkt auf Gottvertrauen gegründet. Aber ein Nichtzweifeln ist bereits Glaube, und der wuchs dadurch fast unbemerkt in dieser Zeit.

20. Verunfallung

Da der Kaufpreis in zwei Raten ausbezahlt werden sollte, musste ich im Dezember 2006 also noch ein letztes Mal nach Rumänien fahren. Ich war nur wenige Tage dort in unserem Haus, aber weil sich die Auszahlung der Milliarden Lei und der Umtausch verzögerten, habe ich in unserem Haus schon mal angefangen, zusammenzupacken. Und da ich fleißig war, standen alle unsere Sachen nach den 3 Tagen gepackt in einem Zimmer. Das hatte ich gar nicht so geplant, aber es sollte sich als durchaus wichtig erweisen. Die guten oder nicht lange verzichtbaren Dinge habe ich ins Auto geladen. Mir war völlig unklar, wie wir jemals unsere Sachen bekommen werden, denn ich kannte die Transportkosten und die betrugen mindestens 2 meiner Monatseinkommen zu dem Zeitpunkt.

Ich hatte einige Tausend Euro in bar mitzunehmen. Ein Freund riet mir, die in die Hosentasche zu stecken. Ein sehr guter Rat, wie sich bald herausstellen sollte. Über die rumänisch-ungarische Grenze bin ich gut gekommen. Aber dann, ungefähr 80 km vor Österreich, ging die Kühlung kaputt. Ich besorgte mengenweise destilliertes Wasser und schüttete das aller 20 km nach. Vorher hatte ich geklärt, dass mich ein Freund im ADAC-Auftrag abschleppen kommt. Ich sollte nur versuchen, wenigstens noch bis Österreich zu kommen. Einen Fahrer mit Abschleppwagen hatte er in Sachsen bereits losgeschickt, der mich und das kaputte Auto holen sollte.

Ich fuhr also ungemütlich bis zur Autobahn. Dort hat mich ein Abschleppwagen bis 2 km vor die Grenze mitgenommen. Ich war relativ gut drüber gekommen und habe die erste Abfahrt genommen. Ich fuhr bis zu einem Supermarktparkplatz und wartete dort auf den Abschlepper. Vorher kam noch die österreichische Polizei. Sie wären meiner Ölspur gefolgt und dass würde einige Strafe kosten. Geistesgegenwärtig versicherte ich ihnen, dass das kein Öl, sondern nur Kühlwasser war.

Kurz nach Mitternacht kam dann der Abschleppwagen. Mein Auto wurde aufgeladen und wir fuhren zurück. Ich schlug dem Fahrer vor, irgendwo zu übernachten, aber er lehnte ab, da er es gewöhnt sei, Nachtschichten zu arbeiten und das kein Problem sei. Und er wollte wohl auch schnell zurück. Nun, den flotten Fahrstil kannte ich von meinen Mitarbeitern, aber mit einem Abschleppwagen ...

Gegen 4 Uhr waren wir schon an Passau vorbei. Dann gab es für ihn eine Kaffeepause und weiter ging es mit gut 100 Sachen Richtung sächsischer Heimat. Nein, er braucht keine Pause, er kennt Nachtschicht, kein Problem. Gegen halb 6 waren wir kurz vor Regensburg. Ich als Beifahrer war eingenickt und damit leider nicht der einzige. Es gab einen mächtigen Hieb, als wir die Mittelleitplanke trafen. Der Fahrer versuchte den Transporter zu stabilisieren, während wir über alle 3 Spuren Schlängellinien fuhren. Es gelang nicht und so wurde schnell klar, dass das Fahrzeug bei immer noch voller Fahrt umkippen wird. So kippten wir auf meine, auf die Beifahrerseite. Ich war also dem Asphalt sehr nahe gekommen. Es gab mengenweise Funkenflug durch die Metallteile des Fahrerhauses, die nun auf der Autobahn schliffen. Und es waren mengenweise Glassplitter. Gefühlt hat diese Rutschparty sehr lange gedauert. Als sich mein Auto dann von der Ladefläche gelöste hatte, überschlugen wir uns noch drei oder viermal. Das ging nun wieder so schnell, dass ich mich vielleicht verzählt habe. Dann endlich standen oder lagen wir auf der Fahrerseite, quer über 2 Spuren, nur die Standspur war noch frei. In diesem Moment hatte ich die meiste Angst, weil wir am frühen Morgen im Dunkeln unbeleuchtet die Autobahn blockierten und wenn da jemand da reinfährt, dann kann es noch ganz schlimm werden. Also mussten wir so schnell es ging aus dem Fahrzeug raus. Der Fahrer war in Ordnung, ihm fehlte erst mal nichts. Ich hatte meinen rechten Unterarm mit der linken Hand gehalten, denn der war ganz komisch abgeknickt. Ich hing also da oben in meinem Sitz und bekam den Gurt nicht auf. Der Fahrer hat mir geholfen, aber es war sehr schwer. Dann sind wir aus den Trümmern rausgeklettert und wollten uns in Sicherheit bringen. Auch wenn 2 Autofahrer den Unfall direkt hinter uns gesehen hatten, so lief doch der Verkehr über die Standspur weiter. Wir standen aber noch auf der Autobahn und kamen nur sehr schlecht über diese Standspur zur rettenden Böschung. Wir haben ein Handtuch um den schwerverletzten Arm gewickelt, denn das hatte ordentlich geblutet. Eine Frau brachte uns etwas zu trinken, ich hatte plötzlich sehr großen Durst. Sie hatte den Rettungsdienst benachrichtigt. Wenn man da so rumliegt, dauert es ganz schön lange, bis jemand kommt. Wir hörten das Martinshorn und erkannten, dass der Rettungswagen erst auf der anderen Seite vorbeifuhr, an der nächsten, weit entfernten Abfahrt wenden musste und dann endlich auf unserer Autobahnseite ankam. Die Frau hatte leider die falsche Richtung durchgegeben. Nun waren die Retter endlich da. Der Führer des Rettungsstabes war – wie mir schien – ein junger Fernseharzt mit blonden, gelockten, langen Haaren. Der sprang dort auf der Böschung rum wie Rumpelstilzchen und rief mehrmals in den grauenden Morgen: „Großes Weichteiltrauma, großes Weichteiltrauma.“. Da konnte selbst ich nicht mehr ruhig bleiben und hab ihn angeschnauzt: „Nun holen Sie schon ´ne Spritze, das tut weh wie Sau!“

Er hat dann versucht, hier oder da eine Vene zu finden, aber er konnte keine Spritze setzen. „Wir bringen Sie erst mal in den Rettungswagen“. Also haben sie eine Vakuum-Trage geholt, die unter mir irgendwie zusammengeschoben wurde und sich dann aufblasen sollte - hat sie aber nicht gemacht. Nanu, die ist kaputt. Daraufhin haben sie eine andere Trage geholt und wollten die wieder von hüben und drüben drunterschieben, aber ich hab sie angewiesen: „Ablegen. Ich rutsch drauf!“ und zack, war ich drauf. Vier Leute haben mich die Böschung runtergetragen und dann ging es noch mal einen Meter hoch aus dem Straßengraben auf die Autobahn. Meine Füße waren dann schon ganz weit oben auf der Autobahn, der Kopf aber noch ganz unten im Graben. Da erst hatte man bemerkt, dass noch Hilfe gebraucht wird. So verharrte ich in dieser komischen Raketenstartposition und hoffte wirklich sehr, dass ich nicht kopfüber runterrutsche ...

Die Polizei indessen suchte hektisch den 2. Fahrer, weil ja 2 verunfallte Fahrzeuge auf der Autobahn rumlagen. Es hatte mehrere Erklärungsversuche gekostet, bis sie das mit dem Abschleppwagen verstanden. „Aber da muss doch ein zweiter Fahrer sein, wenn da 2 Unfallautos sind ..."

Im Rettungswagen hat der junge Arzt weiter versucht, das Schmerzmittel zu spritzen. Letzten Endes nach vielen Versuchen bekam ich die ersehnte Spritze in eine Vene im Fuß. Dann ging die Fahrt mit Tatütata los und da drüber bin ich dann doch endlich eingeschlafen.

In der Zwischenzeit war die Autobahn 3 Stunden voll gesperrt. Und als ich wieder aufwachte, war ich in einer der Deutschlandweit besten Unfallkliniken, nämlich in Regensburg gelandet. Ich hatte an meinem Arm ein komisches Gestell. Man hatte im Unterarm und im Oberarm einfach je 2 Schrauben in den Knochen geschraubt und dann ein Gestänge dran befestigt, der alles irgendwie fixierte. War ganz schön schwer das Teil. Sonst hatte ich nichts Ernsthaftes abbekommen, außer noch am Kopf ein paar Kratzer vom Langschleifen auf der Autobahn. Ich war froh, dass der Arm bei dem Unfall nicht weggekommen war oder sonst noch was Schlimmeres passiert ist. Richtig kapiert habe ich das erst Jahre später, als mir mal kurz, aber kräftig bewusst wurde, wie es ohne rechte Hand wäre. Ich war trotz alledem und überhaupt sehr behütet. Und so war das zweite Weihnachten hintereinander ein irgendwie einsam-tragisches in unserer Familie.

Natürlich hat die Staatsanwaltschaft die Ermittlungen aufgenommen wie immer bei Personenschaden. 4 Monate später wurde ich schriftlich informiert, dass die Ermittlungen eingestellt wurden, ´weil das öffentliche Interesse nicht groß genug ist´. Diese Begründung führt selbst jetzt beim Schreiben wieder zu heftigen Kopfschütteln. Unglaublich, aber wahr.

Ich lag 5 lange Weihnachtswochen auf Nummer sicher. Von den angedachten 24 Operationen waren es am Ende nur 8. Trotzdem wollten oder konnten die Ärzte mich nicht jedes Mal in Vollnarkose legen, so dass man einen Zugang legte, der nur den Arm betäuben sollte. Ja, das hat auch jedes 2. Mal sehr gut geklappt. Die letzte Operation in Regensburg war die unschönste, denn ich habe alles deutlich gehört und gespürt. Dabei wurden die 4 Schrauben rausgedreht, die den externen Fixateur hielten, nachdem die Knochen innerlich mit Platten und 14 Schrauben zusammengehalten werden konnten.

Ich habe die Unfall-Bilder von meinem Arm nie bekommen, obwohl ich es mehrfach anforderte und es rechtlich ja meine Bilder sind. Inzwischen bin ich aber froh darüber, denn ich konnte die Operationsberichte lesen. Sehr oft stand dort drin: reinigen der Wunde mit scharfen Löffel. Es wird fürchterlich ausgesehen haben. Umso mehr bin ich den Ärzten und Schwestern von Herzen dankbar, dass sie einen richtig guten Job gemacht haben und meinen Arm retten konnten.

Die letzten Glassplitter aus Hand, Ellenbogen und Oberarm wurden erst ein halbes Jahr später rausoperiert, das war bis dahin nicht wichtig. Zu dem Zeitpunkt wurde festgestellt, dass die Knochen selbst nach den 6 Monaten noch gar nicht zusammengewachsen waren und einer der 3 großen Handnerven nicht mehr funktionierte. Ein Spezialist aus Hannover war sich sicher, dass der Nerv und die vollständige Beweglichkeit des Armes wieder herstellbar sei. Und so wurde ich zu meinem eigenen

Ersatzteillager: Der Professor sagte: “Knochen nehmen wir aus dem rechten Wadenbein, das ist dort übrig. Einen Nerv nehmen wir aus dem linken Unterschenkel, denn in der Hand was zu merken ist ja wichtiger als im Fuß. Dann brauchen wir einen Muskel, den halben Meter schneiden wir aus dem Bauch na und zum Abdecken hobeln wir wieder vom Oberschenkel zwei 30 x 4 cm Streifen Haut runter.“ Ich hatte viel Hoffnung und auch wenn das ziemlich verrückt klang, stimmte ich zu. Es war eine 8- stündige Operation und danach hätte mir alles sehr weh tun müssen, wo sie was rumgeschnitten hatten. Die schmerzhafteste Stelle allerdings war die eigentlich völlig unberührte linke Schulter, so dass diese sogar geröntgt werden musste. Ich war so sicher, dass die gebrochen war, so weh hat die getan. Es waren 3 sehr schlimme Tage, bis ich wieder etwas neuen Lebensmut hatte und überhaupt erst mal wieder die Brille aufgesetzt habe. Mein Arm hatte einen Umfang von 66 cm, das hatte ich sonst an meinem Oberschenkel in der besten Radfahrertrainingsphase. Und ich musste den Arm nun Tag und Nacht noch oben halten. Nach Jahren fange ich fast an, es zu bereuen, denn der Arm kann noch nicht gestreckt werden und der Nerv ist auch nicht komplett wieder geworden. Aber ich habe damals die Entscheidung so getroffen und so komme ich mit dem Zustand jetzt gut zurecht. Ich bin froh, dass ich bewahrt wurde, am Leben bin, der Arm noch dran ist und ich für meine Familie weiter sorgen kann. Eigentlich - da bin ich mir sicher – waren Hirnblutung und Verunfallung Angriffe des Teufels auf das Leben unserer Kinder. Gott hat es zugelassen, aber ist auch ganz nah dabei gewesen und hat das Beste draus gemacht.

Wie viele Engel dabei um mich waren, kann ich natürlich und leider nicht sagen. Früher bin ich lange Zeit von einem Engel pro Person ausgegangen – also dieses übliche Schutzengelbild. Das wäre schon irgendwie wenig vielleicht. In der Bibel steht die Zahl der Engel: 1000*1000 und 10000*10000. Das wären, wenn man es tatsächlich so rechnet, nur 101

Millionen und damit doch ziemlich knapp, das würde ja lange nicht ausreichen bei 8 Milliarden Menschen. Da müssten sich ja 80 Menschen einen Engel teilen und das wäre ein wenig zu knapp. Also passt es nicht zu Gott, denn bei IHM ist nichts knapp. Nun kannte man früher die ganz großen Zahlen nicht. Aber wenn wir jetzt rechnen 1000*1000*10000*10000, dann kommen wir der Sache schon näher. Das wären dann insgesamt 100 Billionen Engel. Das passt schon eher zur Dimension Gottes und ich sage nicht, dass die Zahl genau stimmt. Wenn wir nun alle diese Engel mal nur auf die Menschen aufteilen, würden ca 12000 Engel zu jedem Menschen gehören. Davon sind laut Bibel ein Drittel gefallene Engel, also ca. 4000. So verstehen wir die Macht des Satans und seiner Anhänger. Allerdings sind auch ca. 8000 Engel Gottes auf meiner Seite und das finde ich, kurz gesagt, sehr beruhigend. Und selbst wenn es pro Mensch ein paar Tausend Engel weniger sind, dann sind es sicher mehr als nur einer. Das ist meine feste Überzeugung und Zuversicht. Hinzufügen möchte ich an dieser Stelle noch, dass ich irgendwie froh bin, dass die Engel meistens unsichtbar sind. Das Gedränge um die Menschen herum wäre ja annähernd furchtbar anzusehen und man würde dann die Menschen selbst kaum sehen. Gott hat das schon sehr gut eingerichtet – die sichtbare und die unsichtbare Welt.

Der Mann, der den Abschleppwagen samt Fahrer geschickt hat, ist zu meinem besten Freund geworden - obwohl ich ihn offiziell verklagen musste. So habe ich das fehlende Geld aus dem mafiösen Firmenverkauf in Rumänien über die Versicherungen wieder bekommen. Das sind Gottes Wege. Er kann aus dem größten Mist noch wirklich Gutes machen. Außerdem bin ich seitdem EU-Rentner. Das klang mit 37 Jahren erst mal sehr komisch und gewöhnungsbedürftig, aber so hat Gott für ein Grundeinkommen für mich und meine Kinder gesorgt. Auch wenn es nur wenige hundert Euro sind, so sind wir immer versorgt gewesen. Und falls es nicht reichte, kamen tatsächlich Finanzspritzen wieder und wieder. Wir sind denjenigen und Gott unendlich dankbar dafür.

21. Herrenhaus Schmölen

Als wir das alte, aber für uns neue Herrenhaus in Besitz nahmen, haben wir es freigebetet. Ich weiß, es klingt komisch, wenn man es noch nie gehört oder gemacht hat. Es geht darum, dass die Mauern vieles gesehen und gehört haben - die könnten Bücher schreiben, wenn sie könnten, was sie aber nicht können und deshalb tu ich es hier. In der sehr langen Geschichte des Hauses - man weiß ja als neuer Eigentümer nicht, was davor alles so darinnen passiert ist - wurde sicher auch Unrecht getan, sind Menschen schlecht behandelt worden, sind böse Geister in dem Haus. Ja, es ist eine geistliche Reinigung des Hauses. Als Christen haben wir durch Christus die Vollmacht, Geistern zu gebieten. Wir können im Neuen Testament einige solcher Geschichten lesen.

Ich hatte davon schon gehört. Auf einem Familientreffen erzählte ein altes Ehepaar aus dem Erzgebirge, wie wichtig es ist, vor Neubezug alte Gebäude geistlich zu reinigen. Sie hatten das wohl oft mitgemacht. Die Frau hatte noch dazu die Gabe, diese Geister zu sehen und hatte danach immer bestätigt, dass die bösen Geister das Haus verlassen hatten.

Später haben einige Gäste in unserem Haus gesagt, dass hier im Herrenhaus ein besonderer Geist herrscht. Ja klar doch!

Wir hatten also im Herrenhaus unsere Wohnungen gebaut und sind logischerweise mit Verspätung eingezogen. Das heißt, wir sind dann schon umgezogen, ohne dass unsere Wohnung fertig war. So hatten wir am Anfang unten in den Salons unsere provisorischen Zimmer eingerichtet. Ich habe jetzt auch nach 15 Jahren noch mit 2 lieben Menschen zu tun, die die verlorene Trostlosigkeit des ersten Treffens nie vergessen werden, die sie selbst an ihre Grenzen brachten: die Schwester und die Physiotherapeutin. Gerade deshalb bin ich sehr dankbar für ihren jahrelangen Einsatz und die herzliche Verbundenheit.

Wir mussten uns als Familie mit unseren Gebrechen und Eingeschränktheiten und den beiden kleinen Kindern neu arrangieren. Aber wir hatten viel Unterstützung, sonst hätten wir es gar nicht geschafft.

Obwohl wir vor den Unfällen alles selbst machen konnten und agil und aktiv waren, mussten wir schnell lernen, Hilfe anzunehmen. Es war anstrengend, immer wieder die eigene Hilflosigkeit eingestehen zu müssen und von anderen abhängig zu werden. Aber es hat eher gut getan, dass in den richtigen Situationen immer wieder Menschen da waren, um zu helfen und zu unterstützen. Wir haben jede Hilfe auch als Fingerzeig Gottes gesehen und waren und sind entsprechend dem Allmächtigen und jedem einzelnen Helfer sehr dankbar.

Das war auch gleichzeitig eine Dankbarkeitsschule für mich. Ich bin sensibel geworden für die sogenannten Selbstverständlichkeiten, die es ja meist gar nicht sind. Und ich habe gelernt, Sorgen bei Gott abzugeben. Ja, das ist nicht immer gut gelungen, denn es waren zu viele. Und doch ist es immer besser gelungen, denn es waren zu viele. So einfach schreibt oder liest sich das. Ich war sozusagen gezwungen, Sorgen abzugeben. Einige Jahre später habe ich mit Freunden eine neue Sportart erfunden: das Sorgenwerfen oder Sorgenweitwurf, wobei es wirklich nicht auf die Weite, sondern auf´s Loslassen ankommt. Gott ist immer um uns herum und deshalb nicht weit weg. Und selbst wenn es materialisiert in Form von Luft ist, so ist Er immer um uns herum. Dieser Satz, den man manchmal während eines Streites ablehnend- oder verachtenderweise rausposaunt: „Du bist Luft für mich!“ macht wirklich keinen Sinn, sondern beteuert im Gegenteil das Angewiesensein, eine Lebensnotwendigkeit und die Wichtigkeit des Unsichtbaren.

Wir konnten uns mit einiger Verzögerung eine wunderbar große Wohnung bauen. Am schönsten hat uns die Küche mit dem riesengroßen Esstisch gefallen – der war 1,2 m breit und fast 5 m lang. Auf der einen Seite war eine Induktionskochplatte eingelassen und auf der anderen Seite hing unser Backofen, der einen Lift hatte und so bestand die Möglichkeit, auch im Rollstuhl in der Küche etwas zu machen. Ein normaler Backofen ist da nicht praktikabel.

Wir bleiben weiterhin bei der Kombipflege. Es kam ein Pflegedienst mehrmals die Woche zum Duschen und den Rest habe ich übernommen. Es war lange nicht mehr so viel wie am Anfang, als ich täglich über 8 Stunden nur mit der Pflege meiner Frau beschäftigt war. Es ging also aufwärts und das schien hoffnungsvoll.

Auch Physio- und Ergotherapeuten kamen ins Haus. Es hat gedauert, bis beide am selben Strang zogen und nicht kontraproduktive Behandlungen machten. Es ging sehr, sehr langsam, aber stetig vorwärts. Es waren grundlegende Fragen wie die nach Huhn oder Ei und was davon eher da war. Ist Bewegung wichtiger oder braucht man erst ein Körpergefühl der Mitte und bewegt sich dann? Im geistlichen Bereich ist das völlig klar: erst die Mitte suchen, zentrieren und fokussieren auf Gott und dann (in die richtige Richtung) loslaufen.

Leider war ich nicht immer der perfekte Pfleger und so habe ich einiges nicht gut gemacht – zwar so gut ich konnte, jedoch nicht gut genug. Ich spürte die Macht des Pflegers und habe sie hin und wieder fahrlässig ausgenutzt. Ich kenne diese Gefahr und ich weiß, was es heißt, einen Angehörigen zu pflegen. Selbst wenn ich vorher von irgendwoher Anleitung erhalten hätte – was im Übrigen und Allgemeinen für pflegende Angehörige wirklich sehr nötig wäre – ich hätte es kaum besser machen können. Ich hätte es dann vielleicht eher abgelehnt, denn es ist nicht meine Stärke und das wusste ich. Ich wollte nie andere Leute füttern und windeln, das konnte ich mir nicht vorstellen. Nun musste ich. Es war als

Ehemann meine moralische Pflicht, so dachte ich jedenfalls. Nach Jahren haben wir das ausgesprochen und uns gegenseitig vergeben, was wir uns meist aus Unkenntnis und Schwäche gegenseitig angetan haben.

Wir hatten 2008 an einem Heilungsgottesdienst in der Gegend teilgenommen und für uns beten lassen. Die Erwartung, dass sie dabei aufsteht und dann nach Hause laufen kann, war weder groß noch gering – wie gesagt, wir hatten trotz Dorits halbseitiger Lähmung Hoffnung. Ein solches gewaltiges Wunder ist dort nicht eingetreten. Einige anwesende Christen rieten uns, zum nächsten Heilungsgottesdienst nach Berlin und dann eventuell noch da und dort hinzufahren. Das war aber nicht unser Verständnis. Wir beide fühlten uns geheilt, weil es Gott in aller Öffentlichkeit vorgetragen wurde und Er es sicherlich gehört hatte. Schließlich waren dort viele Christen zusammen und es ist Sein Versprechen: „Wo zwei oder drei in meinem Namen versammelt sind, da bin ich mitten unter ihnen." Also wussten wir, dass es an der richtigen Stelle abgegeben war und damit das Wunder und deren Zeitpunkt allein in Gottes Hand lag.

Wir haben dann in Brandis eine wunderbare Gemeinde gefunden, ohne sie wirklich zu suchen. Unser Herrenhausarchitekt hatte uns einfach dahin eingeladen und wir sind gerne geblieben. Es ist wichtig, dass ein Christ in Beziehung mit Gott ist, aber natürlich auch mit anderen Christen. Die Gemeinde ist seine christliche Familie. Da sollte man Trost und Ermutigung, Freude und Freunde finden, aber auch Ermahnung und Hilfe.

22. martonius

Mit dem Architekten wurde nun ein Projekt erarbeitet. Wir wollten Pensionszimmer ins Herrenhaus bauen und ein Tonstudio. Es gab einen bestimmten maximalen Finanzrahmen, in den das alles reinpassen und dann auch direkt eröffnet werden musste, damit wieder Geld reinkommt. Ich war zuständig, das Projekt zu schreiben. Unser Architekt hat einen Freund übers Wochenende geschickt, der die Baukosten überschlug. Wir waren gespannt und im Ergebnis hieß es, dass das alles 70000 Euro über dem Finanzrahmen liegen würde. Und was denn das Studio davon kosten würde? 70000 Euro. Na dann müssen wir das Tonstudio eben streichen, dann geht das nicht – so hieß es in dieser Runde. Das war soweit logisch, aber ich sollte es dann aus dem Projekt rausnehmen und das habe ich nicht übers Herz gebracht.

Unser Projekt musste vor einer Kommission mit 10 Bürgermeistern und 10 Unternehmern der Region vorgestellt werden und da wollten wir natürlich ordentlich Eindruck machen. Ich habe eine Powerpoint-Präsentation erstellt. Die war auf die Sekunde vorbereitet. Jeder von uns vieren hatte seinen Text. Bilder dazu, Übergänge, Animationen – also es war perfekt geplant. So standen wir – unsere Freunde und Herrenhaus-Eigentümer gemeinsam mit uns in Reih und Glied: Anna als Schweizerin; Peter der ältere, weltenbummelnde Herr; Dorit im Rollstuhl und ich als Neurentner. Ich übergab den Stick mit der Präsentation und … ja nee, nix ging los. Noch mal neustarten und … wieder nicht. Die Präsentation lief nicht und so mussten wir mit unseren exakt ausgearbeiteten Sätzen improvisieren. Unsere Zukunft hing davon ab, denn ohne die Fördermittel war das ganze Projekt aussichtslos, wir waren darauf angewiesen. Es war also eine überlebenswichtige Präsentation. Ich hör noch immer Anna sagen: „Und jetzt würden Sie auf den Bildern folgendes sehen…“ und so stotterten wir unsere Zeit ab und überzogen auch noch, weil wir erst später starten konnten und dann noch die nicht zu sehenden Bilder beschreiben mussten. Es war eine einzige Katastrophe. Diese Fastrentnertruppe will einen wesentlichen Beitrag zur ländlichen Entwicklung im Muldental leisten und bekommt nicht mal eine Präsentation ordentlich hin. Natürlich war es mein Fehler, denn wie ich dadurch schmerzvoll gelernt habe, soll man immer den Computer, auf dem die Präsentation erstellt wurde, dabei haben, damit sie auch läuft. Heutzutage sind die Programmversionen untereinander wesentlich besser kompatibel, aber im Jahre 2007 war das ein mir unbekanntes Problem. Das war ein harter Einschnitt, weil wir plötzlich nicht wussten, wie es nun weitergehen kann. Und so hat diese Kommission unserem Projekt zugestimmt. Ja, richtig gelesen: sie haben tatsächlich zugestimmt. Ich hatte das für völlig unmöglich gehalten und im ersten Moment wirklich gedacht, dass sie nur aus Mitleid so entschieden haben. Aber sogleich habe ich gewusst, dass nur wir Menschen das Wort unmöglich kennen, aber für Gott nichts unmöglich ist. Da war Er wieder einmal am Werk und hat mich schnell aus der Niedergeschlagenheit meines Versagens herauskatapultiert und rundum freudig-dankbar werden lassen. Was waren wir froh über Gottes Eingreifen und diese unerwartete Wendung, denn menschlich gesehen waren wir in dem Moment Versager!

Im Zusammenhang mit der Beschaffung der notwendigen Eigenmittel für den Fördermittelantrag und damit das ganze Projekt Herrenhaus samt Tonstudio gab es einen wichtigen Termin, ein Ultimatum zur Abgabe aller Papiere, nämlich einen bestimmten Tag mittags 12 Uhr im Landratsamt. Peter war in Norddeutschland und wollte pünktlich zum Termin mit den notwendigen Bankunterlagen zurückkommen. Das ging solange gut, bis irgendwo zwischen Magdeburg und Leipzig die Oberleitung riss und sein Zug an einem Bahnhof nicht weiterfahren konnte. Damit war eigentlich der Termin und unsere ganze Planung fürs Herrenhaus geplatzt. Doch da war ein Besoffener auf dem Bahnhof, der unbedingt nach Leipzig musste. Er rief sich ein Taxi, kam irgendwie mit Peter ins Gespräch und „lud" ihn mit ein. Peter kam mit dem "besoffenen Engel" nach Leipzig und von da aus per S-Bahn zurück zu uns. Die letzte noch fehlende Zusage kam von Annas Bruder per Fax etwa um 11 Uhr .... So konnten wir die Papiere in Ruhe mit viel Aufregung und himmlischer Hilfe pünktlich auf die Minute abgeben. Zwei wichtige Lehrsätze wurden dabei wieder einmal bewiesen: Was Gott bestellt, bezahlt Er auch! Und: Gott kommt nie zu spät!

Wir hatten dann eine vielmonatige Bauzeit mit vielen Firmen, aber auch vielen Helfern, denen an dieser Stelle noch einmal unser herzlicher Dank für all die Unterstützungen ausgedrückt werden soll. Im Oktober 2009 konnte unsere Pension eröffnet werden. Anna und ich waren für den Pensionsbetrieb zuständig. Wir waren wieder reich gesegnet und hatten schon im dritten Jahr über 2000 Übernachtungsgäste und wenigstens genauso viele Menschen, die bei uns gefeiert haben.

Auch das Tonstudio war entstanden. Ich hatte mir selbst ausgedacht, wie ich es gerne hätte. Dabei war ich 10 Jahre vorher nur ein einziges Mal in einem Tonstudio. Aber es ist sehr gut geworden. Als der Bau soweit fertig war, brauchte ich die Technik. Ich bin in ein Musikhaus gefahren, habe den Grundriss gezeigt und mich beraten lassen, was ich alles benötigen werde. Am Schluss bat ich ihn um eine Zeichnung, wie ich das ganze Zeugs zusammenstecken soll. Schließlich hatte ja Noah, der vor der Sintflut ein neues Projekt von Gott bekam, auch eine Zeichnung für die Arche erhalten. Genauso kam ich mir vor.

Dann war auch schon die erste Aufnahme für eine ganze CD zu machen. Ich habe alle Mikrofone hingestellt, um ein Soloblockflötenkonzert aufzunehmen. Zwei Tage vorher war alles zusammengesteckt und ich hatte mich belesen, welche Knöpfe man drücken muss, damit die Aufnahme startet. Insofern war ich technisch fast ahnungslos, aber ich wusste ja von Gott, dass ich das machen soll. Also war ich auf dem richtigen Weg und musste natürlich vieles Lernen. Die Gewissheit des richtigen Weges ist etwas sehr Wertvolles. Und für diese Berufung machten auch alle meine musikalischen Erfahrungen in Bands, Orchestern usw. einen Sinn und vor allem ein wertvolles, unbezahlbares Fundament für diese und meine neue Arbeit. Wenn Gott mit Dir etwas bestimmtes vorhat, dann ist es auch schon vorbereitet. Also schau kurz zurück, ob Du diese Talente schon bekommen hast und ob sie entwickelt sind. Wenn Du dann noch Spaß daran hast, dann ist es Dein Ding. Zumindest sind das meine Erfahrungen. Und deshalb konnte ich auch in der neuen Studioaufnahmesituation mutig sein und auf Gottes Hilfe zählen. Sicher habe ich inzwischen vieles Fachwissen dazu erworben, es wird nicht alles geschenkt. Es heißt ja trotzdem noch Arbeitszeit und nicht Schenkungsstunden …

Ich weiß nicht mehr, wie ich zum VDM gekommen bin. Ich denke, ich wollte mich weiterbilden und habe dort an einem Kurs teilgenommen. VDM ist der Verband Deutscher Musikschaffender und dort habe ich über die Jahre viele gute Ratschläge bekommen. Sie haben mir geholfen, einen Verlag zu gründen und ein Label, also eine Plattenfirma. Mein Tonstudio habe ich martonstudio genannt, denn ich wurde selbst in Rumänien Márton genannt – das ist die ungarische Ausgabe meines Namens. Na und da war es zum Marton-Tonstudio oder kurz martonstudio nur ein kleiner Schritt. Entsprechend nannte ich dann den Verlag martonius und das Label, also die Plattenfirma martonia. Kurz und bündig und schlüssig.

Nun wurde es Zeit für das erste Hörbuch. Lange schon war mir glasklar, dass es das Buch „Business ohne Grenzen“ von Gunnar Olson werden musste. Er war der ICCC-Gründer (Internationale Christliche Handelskammer) und ich war inzwischen ICCC-Mitglied. Das Buch war immer noch ein Antrieb für mich, denn ich wollte auch erleben, was Gunnar Olson mit Gott erlebt hat. Ich wusste: wenn es andere Leute hören, wird auch in ihnen so wie bei mir der Wunsch nach mehr Gottesnähe wachsen. Da ergab sich ein Treffen mit Gunnar Olson in Deutschland, wo er seit 15 Jahren nicht war, weil er so beschäftigt ist. Er gab jahrelang und weltweit über 200 Vorträge und Seminare pro Jahr – ein unglaubliches Pensum. Es war ein ganz besonderer Moment, diesen weltbewegenden Mann Gottes zu treffen. Er gab mir die Erlaubnis, sein Buch auf Deutsch zu vertonen.

Also beschäftigte ich mich mit dem neuen Thema Hörbücher. Bücher sollten zu Hörbüchern umgeschrieben werden, denn wenn in einem Buch ein Satz zu lang ist, liest man ihn einfach noch einmal. Bei einem Hörbuch muss der Hörer es gleich verstehen. Es sollten auch keine Fremdwörter drin sein - entweder man lässt sie weg oder man ergänzt eine Beschreibung. Da Hörbuchmanuskriptschreiber mir finanziell unrealistisch waren und ich – wie man bisher hoffentlich gemerkt hat – gern schreibe, habe ich mich selber drangesetzt. Es war so erstaunlich! Obwohl ich blutiger Anfänger war, wusste ich ganz genau, welche Wörter wegmüssen, welche Sätze wie gekürzt werden sollen und welche Fremdwörter umschrieben werden sollen, damit es flüssig klingt. Ich kann es nicht anders beschreiben, denn mein Eindruck war es: Da ist ein Lichtstrahl direkt in den Himmel, es war wirklich für mich ein Strahl nach oben zu sehen und ich spürte deutlich Gottes Führung bei jedem einzelnen Wort. Ich hatte eine Sicherheit wie ein alter Hase, der nie was anderes gemacht hat. Gut, das mit dem Hasen hinkt dann etwas. Diese Sicherheit geht bis dahin, dass ich unüberheblich sagen kann, es hätte niemand anderes besser machen können.

Als nächstes brauchte ich einen Sprecher. Ich kannte verschiedene Leute und machte Probeaufnahmen. Schnell stellte sich heraus, dass es ein

Christ sein muss und ein Profisprecher. Wenn wir für Gott etwas machen, dann muss es auch bestmöglichst werden. Du kannst Deinem König keinen Schund anbieten. Gib alles und den Rest schenkt Gott Dir dazu.

Ich wurde auf einen Profisprecher namens Hanno Herzler hingewiesen. Den Namen kannte ich nicht und deshalb sah ich mich auf seiner Webseite um. Zu meinem Erstaunen hat er mir schon lange in den Ohren gelegen. Ich habe oft das Hörbuch „Das Gebet des Jabez“ gehört, ohne zu wissen, dass der Sprecher eben dieser Hanno Herzler ist. Auch das war durchaus ein Zeichen, auf dem richtigen Weg zu sein. Ich habe ihn bei Frankfurt getroffen und seitdem sind wir gut befreundet und haben manches Hörbuch zusammen produziert. Er ist für mich einfach der beste Sprecher für christliche Hörbücher. Und Hanno versicherte mir, dass er noch nie ein so gutes Hörbuchmanuskript hatte – na Gott sei Dank, denn es war mein Erstlingswerk und konnte ohne Gottes Zutun gar nicht so gut werden.

Dann durfte ich dieses Buch von Gunnar Olson auch auf Englisch vertonen. Ich hatte mit Gunnar zusammen einen Sprecher ausgewählt und wir waren mittendrin in der Produktion. Der Sprecher war im Aufnahmeraum und ich im Regieraum, getrennt durch 2 große Glasscheiben. Er war der Sprecher, ich war Tontechniker, Produzent und Regisseur gleichzeitig. Ich musste sehr aufmerksam und hoch konzentriert mitlesen, denn manches Mal fehlten Wörter. Dann kam ein Abschnitt mit einem Gebet für Afrika. Plötzlich änderte sich die Stimme des Sprechers und ich wollte schon abbrechen. Da bemerkte auch ich eine Veränderung: Gottes Gegenwart war deutlich in dem Studio zu spüren. Das kann ich aber nur im Nachhinein so schreiben, denn ich wusste im ersten Moment wirklich nicht, was da plötzlich los war. In beiden Räumen war es auf einmal eng, denn sie waren so voll, dass man kaum mehr Luft holen konnte. Ich habe keine Engel gesehen, aber sie waren da. Ehrfürchtig und regungslos stand ich da und lies den Sprecher das Gebet zu Ende lesen. Dann musste auch er tief Luft holen und sagte: „Booooaah, was war denn das jetzt!“ Er hatte es genauso empfunden. Endlich hatte ich die vielen Stellen in dem Buch, wenn es um Gottes Gegenwart ging, selbst erfahren können. Das war gewaltig und sehr beeindruckend.

Das Studio wurde zu einem beliebten Platz, um in Ruhe Gott nah zu sein. Einmal saß ich eine Stunde im Sessel, da hörte ich plötzlich und deutlich meinen Vor- und Familiennamen. Es war aber niemand in der Nähe. Das war sicherlich Gott. Es war und ist sehr tröstlich zu wissen, dass Er meinen Namen kennt. Ich wurde an die Bibelstelle erinnert, als der junge Samuel seine Namen mehrmals hörte und zu Eliah lief, der ihn aber nicht gerufen hatte. Beim vierten Mal sollte Samuel dann sagen: Ja Herr, hier bin ich. So habe ich es auch gemacht.

Seitdem spüre ich es in besonderen Situationen körperlich sehr deutlich, wenn Gott mir ganz nah ist: denn dann läuft es mir wie ein Schauer über den Rücken – ein angenehmer Schauer.

Ich habe mich auch mehr und mehr mit mir Selbst beschäftigt und auch Rat bei andern geholt. Ich entdeckte, das der angefressene Speck eine Art Panzer ist. Der war sicher wichtig, um die schwierigen Zeiten zu überstehen. Nun aber sollte er weg. Dabei hatte ich mehrere erstaunliche Träume, die Gott mir geschenkt hat: In einem Traum ist dieser Panzer aufgerissen und darunter war mein Herz zu sehen: es war ein grüner Smaragd, ein wunderschöner, großer Edelstein. Später träumte ich, wie ich ganz einfach diesen Panzer abgelegt habe und der grüne Stein sichtbar strahlte. Am Ende wurde aus dem Grün das Auge eines Adlers und ich war frei und flog durch die Gegend. Was für ein Ausblick!

Diese Flugträume habe ich später in dem Buch „Die Hütte“ wiedergefunden, das ich mehrmals gehört habe und einmal auch den Film sah. Was mich an dem Buch ärgert, ist, dass ich nicht selber auf so eine großartige Geschichte gekommen bin. Ich bin begeistert von diesem Buch und der plastischen Darstellung. Ich bin Gott dadurch näher gekommen.

Ich bin Gott sehr dankbar, dass ich diese meine Arbeit tun darf. Ich lerne viele interessante Menschen kennen und darf ihre Geschichten zu Papier oder auf CD bringen. Und ich habe diese Leute nicht angestrengt wie Ostereier gesucht, sondern sie waren einfach da. Das Netz wird größer und so ergeben sich Kontakte, die Gott schon lange geplant hatte wie mit Hanno, dessen Gebet des Jabez-Hörbuch ich schon mindestens 15 Jahre vor unserem Kennenlernen und dann immer wieder gehört habe. Ich habe übrigens auch ein Musikal über Jabez geschrieben. Vielleicht wird es ja doch mal aufgeführt. Jedenfalls bete ich singend das Gebet des Jabez seit vielen Jahren mit meinem Text:

„Herr segne mich, lass mich tun nach Deinem Willen.

Erweitere mein Gebiet nach Deiner Fülle.

Und stärke mich, an Leib, Geist und am Herz.

Und bewahre mich vor allem Unheil und vor Schmerz.“

Nach „Herr segne mich“ kann man wunderbar all die Leute einfügen, für die man beten will. So werden jedes mal mindestens meine Kinder ergänzt, ganz klar, und meine Großfamilie und meine Gemeinde und meine bisherigen und zukünftigen Kunden und ...

Nach einem Samstagvormittag im Studio bete ich nun immer vor den Aufnahmen, möglichst gemeinsam mit den Studiogästen. Damals war eine christliche Band das erste Mal da und wir haben direkt losgelegt.

Dann ist die Computermaus kaputt gegangen, es sind einige Kopfhörer ausgefallen, es gab Audiofehler bei der Aufnahme, so dass wir nach 2 Stunden noch nicht mal eine komplette Bassspur des ersten Titels hatten. Es ging immer mehr kaputt und das ging absolut nicht mit rechten Dingen zu. Ich war völlig verzweifelt, als immer mehr ausfiel und eine Aufnahme nicht mehr möglich war. Die Band ist entnervt abgereist und ich sass da wie ein Häufchen Elend. Das konnte doch nicht wahr sein. Die ganze, teure Technik fällt nacheinander innerhalb von 2 Stunden aus? Da erkannte ich es: Wir hatten unseren Herrn nicht um Seinen Beistand gebeten und so ungeschützt dem Teufel alles offen dargeboten. Es war Teufelswerk, ganz klar. Seitdem bete ich immer vor den Aufnahmen und spreche über den Räumen, den Menschen und der Technik aus, dass Jesus Christus der Herr und König ist. Eine Proklamation ins Unsichtbare, die wirkt, denn in dem dunklen Reich ist Jesus gut bekannt. So sind dann die Fronten geklärt, denn es ist ein Kampf.

Ich erinnere mich und Euch gern an einige meiner wunderbaren Studiogäste:

Da war zum Beispiel Michael mit seiner Schwester da. Er war anderthalb Jahre zuvor 25 Minuten tot und auch wenn er dann doch wieder da war, hatte er mit Multiorganversagen überhaupt keine rosigen Aussichten. So waren unter anderem seine beiden Lungenflügel zusammengefallen. Durch Gebet ist er Schritt für Schritt geheilt worden. Heute verteilt er im Oktober, seinem Wiederauferstehungsmonat, Ostereier unter Passanten. Klar wird er angesprochen, was das soll und so kann er seine Geschichte wildfremden Menschen auf der Straße, im Laden oder im Café erzählen und von Gottes wunderbaren Wirken berichten.

Bei den Aufnahmen hatten wir kein Drehbuch, sondern Gott war mit seinem Heiligen Geist der Regisseur und das hat natürlich super funktioniert.

Ähnlich war es auch mit Daniel, den ich in Meißen in der Jesus-Gemeinde kennengelernt habe. Er war an dem Tag Moderator, predigt aber auch in der Gemeinde. Er sagte mir, dass er Satanist war. Ja was für eine Wendung! Er hatte eh schon einige Male seine Geschichte erzählt und nun wollte er es auch vorm Mikrofon tun. Die notwendigen Finanzen hat er genau passend ´zufällig´ und unerwartet bekommen. Nein, das war natürlich kein Zufall, denn so arbeitet Gott: Wenn er etwas bestellt, dann bezahlt er es auch!

Weil ich das Buch „Die glücklichsten Menschen auf Erden", ein 40 Jahre alter Bestseller und Klassiker von Demos Shakarian, vertonen wollte, hatte ich rumgefragt und einen Tipp bekommen. So habe ich Roland Benz gemailt. Ich bekam keine Antwort. Über 2 Jahre später war ich das erste Mal in München auf einer ICCC-Tagung. Da steht ´zufällig´ ein kleiner, älterer Herr vor mir, ich schau auf das Namensschild und war mir sicher, dass ich den Namen kenne. Genau, es war Roland Benz und wir sind seit dieser Minute fast unzertrennlich. Er ist der deutsche Präsident der FGBMFI – Geschäftsleute des vollen Evangeliums. Auch seine Geschichte ist hochinteressant. Ich durfte das Buch seiner Frau Traute verlegen, in dem sie über Gottes Schutz und Segen in ihrem Leben berichtet und auch beschreibt, wie der harte Hund Roland zu einem wunderbaren Christen wurde. Was bin ich froh, die beiden kennen zu dürfen. Danke. Danke Gott.

Aber in den 2 Jahren des Wartens habe ich es über einen ähnlichen Verein, nämlich „Christen im Beruf", versucht, an die Hörbuchlizenz für „Die glücklichsten Menschen auf Erden" zu kommen. Ich hatte den deutschen Verlag angeschrieben, die verwiesen mich auf einen amerikanischen Verlag, der eventuell für die Lizenzen zuständig sein. Dieser Verlag hat mich an den eigentlichen Urheber in den USA verwiesen. Trotz erheblicher Zeitzonenunterschiede war dieser Prozess innerhalb einer Stunde

(!!!) durch und ich hatte den richtigen Kontakt und die Zusage. Es läuft einfach unvorstellbar gut, wenn Gott seine Finger im Spiel hat, wie man so schön, aber auch unzutreffend sagt, denn er braucht nur seinen Geist und maximal ein Wort. Gott sprach und es wurde, noch dazu sehr gut. Das ist ja wohl von Alters her genau so.

„Christen im Beruf" hatte dann 2018 eine neue Ortsgruppe (Chapter) in Leipzig gegründet und so meldete ich mich ein paar Tage vorher an, um bei der Gründung dabei zu sein. Sofort kam vom Chapterleiter eine Anfrage, ob ich denn die Technik machen könnte, weil ihr Techniker nur noch einmal kann und dann haben sie niemanden. Sie könnten dann keine Veranstaltungen durchführen, weil niemand die Technik versteht. Da ich zusagte, wurde ich freudestrahlend als Gebetserhörung tituliert, denn das Team hatte wirklich große Sorgen damit und den Abend vorher extra für einen Techniker gebetet. Gott hatte ja schon lange vorgesorgt.

Ich möchte trotzdem ausdrücklich darauf hinweisen, dass ich es nicht mag und auch nicht für richtig halte, wenn man gar nichts mehr macht oder plant, weil ja sowieso alles nach Gottes Plan liefe. Gottvertrauen ist sicherlich gut, aber nicht Nichtstun. In meinem allerersten Liedtext habe ich es in Bezug auf die schrecklichen Dinge, die um uns herum passieren, so ausgedrückt:

O Gott, mein Gott, warum lässt Du das geschehn.

O Gott, mein Gott, ich kann es selber nicht verstehn.

O Gott, mein Gott, lass die Trägheit in mir ruhn.

O Gott, mein Gott, ich kann auch selber etwas tun.

Du hast mir Liebe und Kraft gegeben, also bin ich jetzt am Zug.

Denn Gottvertrauen allein ist nicht genug.“

In einem dieser Leipziger Chapter war Carmen Paul angekündigt. Ich hatte keine Zeit, mich mit ihr vorher zu beschäftigen, wie ich es sonst tue. Außerdem war im Titel was mit Pferden und falls ich es noch nicht geschrieben habe: Pferde sind mir zu groß. Die Veranstaltung begann und Carmen erzählte. Von einer Tierärztin, der sie als Kind geholfen hat. Naja. Von der Tierpflegerausbildung. Ja und von Pferden. Naja. Und wie sie ausreiten waren. Naja. Und wie Ihr Pferd sie ins Gesicht getreten hat. Siehste, Pferde sind gefährlich, das wusste ich bereits. Und wie ihr Leben am seidenen Faden hing und sie bei Jesus im Himmel war. So sehr ich an diesem Freitagabend müde war und desinteressiert tat, so hochhellhörig wurde ich plötzlich und erkannte meinen Fehler. Das war spannend, ein Augenzeugenbericht aus dem Himmel zu hören mit praktischen Ratschlägen wie: „Die Frauen sollten keine Stöckelschule anziehen. Die Straßen im Himmel sind zwar golden, aber gepflastert und das läuft sich sehr schlecht mit dem falschen Schuhwerk.“ Sie hat im Himmel Bilder von zukünftigen Erlebnissen erhalten, bevor sie logischerweise widerwillig – wer will schon freiwillig weg aus dem Himmel - zurückgeschickt wurde. Und dann haben sich über die Jahre genau diese Bilder im echten Leben wiederholt.

Carmen gab auch den Leuten einen guten Rat, die immer sagen: Wenn ich im Himmel bin, dann frag ich Gott, warum das so oder so passiert ist. Diese Fragen spielen im Himmel absolut keine Rolle mehr. Dieser Meinung war ich auch schon lange und so haben wir uns bei unserem ersten Gespräch gleich prima verstanden. Sie erzählte, dass sie schon oft gefragt wurde, ob es ein Hörbuch gibt, aber sie hätte ja gar keine Ahnung. Ich erklärte ihr, was ich mache und sie wollte sich unbedingt bei mir melden, wenn sie in einem Monat aus Afrika zurück ist. Ok, das klang sehr gut. Ich wartete geduldig einen Monat und nichts passierte. Schade. Nach 2 Monaten war im Leipziger Chapter die nächste Veranstaltung wieder am Freitagabend. Am Samstag früh begann in Bad Kissingen eine Deutschlandkonferenz von „Christen im Beruf" und ich wurde vom Chapterleiter gefragt, ob ich als Leipziger Vertreter hinfahren kann. Da ich dort inzwischen auch einen Büchertisch kostenlos bekommen konnte, um meine Produkte zu präsentieren, hab ich nach der Veranstaltung in Leipzig abgebaut, alle Technik mitgenommen, bin eine gute Stunde bis Mitternacht noch in Richtung der Konferenz gefahren, hab 6 Stunden schnell in einer Pension übernachtet und war früh pünktlich 9 Uhr in Bad Kissingen. Die erste Person, die mir über den Weg lief, war Carmen. Sie war erst kurz zuvor aus Afrika wieder gekommen. Und ich hatte es nur falsch verstanden und mir wieder mal unnütze Sorgen gemacht. Auch sie wollte die strapaziöse Fahrt nicht unbedingt auf sich nehmen, aber sie hatte eine Hoffnung, mich dort zu treffen. So ein Zufall, der natürlich wieder keiner war. Wir besprachen das Hörbuchprojekt und 2 Monate später saß sie mit ihrem Mann im Studio und las ihre Geschichte. Auch ihre Tochter kam extra aus Berlin und hat ihren Teil eingelesen. Vorher durfte ich wieder das Hörbuchmanuskript erstellen und wer aufgepasst hat weiß schon, dass es wieder diese Strahlen direkt nach ganz oben gab – so wie immer, wenn ich ein Buch umschreibe.

Ein Jahr später war Carmens Buch „Pferdefuß und Himmelsglück" ins englische und ins französische übersetzt. Das englische Buch wollte ich gern verlegen, aber französisch kann ich nicht. Bei dieser Sprache geht komischerweise nichts. Ich war damals 3 Wochen in Westafrika und habe es versucht, aber selbst bis 10 zählen ging sooo schwer. Ok, muss jemand dreimal raten, wer das französische Buch verlegt hat? Jawohl, ich war´s. Gott hat Humor. Und ich bin dankbar, dass ich mich auf Ihn verlassen kann und deshalb alles geklappt hat.

23. Familienbande, -baende, -ende

Wir kommen noch mal zurück in unsere Familie im Herrenhaus im Jahre 2010. Da stand die Einschulung unseres großen Sohnes an. Das ist spannend schön, wenn man das zum ersten Mal als Eltern miterlebt oder doch eher organisieren muss.

Bereits vor der Einschulung war bei beiden Jungs die Frage, ob sie ein Instrument lernen wollen. In der Musikschule schlug man natürlich ein Instrumentenkarusell vor, damit die Kinder rausfinden können, welches Instrument sie mögen. Das wollten unsre Jungs nicht. Es war völlig klar, dass Maxi Schlagzeug lernt und Friedrich Klavier. Und so haben beide vor der Einschulung schon einige Monate Unterricht in der Musikschule gehabt und damit vor den Buchstaben Noten gelernt. Friedrich hat zur Einschulung sein erstes eigenes E-Piano geschenkt bekommen. Nun könnte man einwenden, man solle den Kindern doch nicht so einen Druck machen als Eltern. Ja, das stimmt, wenn die Kinder gezwungen werden. Das war bei uns nicht der Fall, musizieren war etwas ganz Normales (sollte es sowieso!), und die Kinder haben musikalische Talente geschenkt bekommen, die auch wie alle Talente entwickelt werden sollten. Und wir sind so reich beschenkt mit so vielen, oft ungeahnten Talenten. Unser Auftrag als Gotteskinder ist es, die Talente herauszufinden und zu fördern anstatt zu begraben. Stellt Euch mal eine Welt vor, in der jeder Mensch wirklich seine gottgegebenen Talente gefördert hätte und einsetzen würde. Das wäre eine friedlich-entspannte Atmosphäre, denke ich. Und es gibt einen weiteren, wichtigen Punkt zu beachten. Indem ich meine Talente nicht fördere und einsetze, verfehle ich mehr oder weniger meinen Zweck, meine Aufgabe, meine Berufung auf dieser Erde. Also werde ich mich als Erwachsener mit einer Arbeit beschäftigen, die nicht für mich vorgesehen war, die ich nicht gut kann, weil ich dafür nicht vorherbestimmt war. Das ist das eine Problem. Das andere Problem ist Folgendes: An der

Stelle, wo ich ungeplanterweise bin und die ich nicht richtig und sicher auch nicht mit vollkommener Freude ausfülle, nehme ich demjenigen den Platz weg, der dafür bestimmt oder gemacht war. So gibt es wegen meiner Ignoranz meiner Talente und letzten Endes Gott gegenüber mindestens 2 Frustrierte – nämlich mich und den rechtmäßigen Platzhalter oder eigentlich Berufenen. Das ist ganz leicht zu verstehen, auch wenn es nicht immer einfach ist und Stolz oder Gier im Weg stehen. Ich war und bin jedenfalls froh, dass meine Kinder genau die richtigen Instrumente gelernt haben. Darauf komme ich später kurz zurück.

Ich muss mich jetzt erst noch mal den Eltern der Kinder zu wenden, nämlich Dorit und mir. Wir waren beide Rentner und mehr oder weniger eingeschränkt. Wir mussten uns nun im Alltag und zwischenmenschlich damit arrangieren. Wir wussten, dass wir Hilfe brauchen und haben verschiedene Ehetherapien besucht. Es fing immer gut an, der Wille war da, aber meist nach der 10. Sitzung, selbst nach Einzeltherapien, ging es irgendwie nicht weiter bzw. kamen wir uns nicht näher. So wurde eine räumliche Trennung auf Zeit mit eigenen Zimmern angeraten.

Dorit bekam dann 2012 wieder die Möglichkeit einer 3-wöchigen Reha in Leipzig. Klar, wir waren trotz der wohnlich getrennten Umstände im Gespräch. Sie erzählte mir, dass sie eine Betreuerin bekommen könnte und jemand mit ihr das während der Reha beantragt hatte. Wir hatten beide keine Ahnung, was das bedeuten wird. Sie wusste nur, dass ein Richter, ein Arzt und ein Sozialarbeiter in Haus kommen und die Lage beurteilen, um danach zu entscheiden. Das klang nicht verdächtig, eher nach einer Erleichterung für mich, weil ich ja natürlich immer noch für sie da war, zum Arzt brachte, einkaufen ging und so weiter.

Ich habe von den 3 Hausbesuchern keinen gesehen, niemand hat mit mir gesprochen oder gar nach den Kindern gefragt. Das verstehe ich bis heute nicht, immerhin waren wir verheiratet und um sich vor Ort wirklich ein Bild machen zu können, hätte das zwangsweise dazugehören müssen. Stattdessen fand ich nach ca. 3 Monaten im Januar in meinem Briefkasten Post vom Familiengericht. Ich hatte zunächst angenommen, dass sie nun mit mir oder wegen der Kinder einen Termin machen wollen, aber nein, weit gefehlt! Es war ein Urteil des Familiengerichtes, dass Dorit einen Betreuer bekommt. Ja. Naja. Wer weiß, was das nun wieder heißt. Wir sollten es gleich am nächsten Tag erfahren, denn da war bereits eine gerichtlich bestellte Betreuerin im Haus. Die kam dann auch zu mir, hielt mir ihre gerichtliche Bestätigung vor die Nase und machte einige Ansagen, die mir heute noch meinen Puls automatisch in die Höhe schnellen lassen: Ich muss ihr alle Unterlagen meiner Frau aushändigen, also Rentenbescheide, Versicherungen usw. und ihr Einkommen muss ab sofort auf ein extra Konto gehen, auf dass ich keinen Zugriff mehr haben darf. Ich war in Schockstarre. Wir waren verheiratet und nun mischt sich da eine fremde Person per Gerichtsbeschluss ein? Das kann doch nicht wahr sein!!! Meine einzige Frage und Sorge, die ich rausbrachte: Und wie ist das mit unseren gemeinsamen Kindern jetzt geregelt? Da sagte die Betreuerin: Da ist sie nicht zuständig, das müsste ich klären, ich habe keinen Zugriff mehr auf das Einkommen meiner Frau. Ich war völlig ratlos, aber so aufgebracht-wütend über diese anmaßende Ungerechtigkeit wie selten. In der Woche hatte ich einen Anwaltstermin, weil ich dachte, jetzt gegen diesen himmelschreienden Familiengerichtsbeschluss vorgehen zu müssen. Der Anwalt fand das eher aussichtslos und auf jeden Fall langwierig. Und da ich jetzt sozusagen allein für die Kinder sorgen muss, sollte ich mich auch darauf konzentrieren. Um die Kinder versorgen zu können, könnte man beim Jugendamt Unterhaltsvorschuss beantragen, sobald ich einen Anwalt mit der Scheidung beauftragte. Durch den Familiengerichtsbeschluss waren wir ja im Prinzip schon völlig getrennt worden. Ich informierte Dorit, dass ich in der Lage keine andere Möglichkeit sehe und nicht anders für die Kinder sorgen kann, als die Scheidung einzureichen. Sie stimmte zu. Das war eine mehr als turbulente Woche, die ich niemanden wünsche.

Nun könnte man fragen: Wo war Gott, seine Gerechtigkeit? Wie konnte denn das passieren? Gott spricht auch durch andere Menschen, durch Umstände. Aber wie ich bereits ausführte: Ich werde Gott nicht die Warum-Frage stellen, denn es hat alles einen Sinn. In dieser Zeit fand ich dann auch die passende Bibelstelle in Römer 8,28: „Alle Dinge werden denen, die Gott lieben, zum Besten dienen." Ich bin nicht allwissend, aber ich kenne einen, der es ist und dieser hat mindestens ein Auge auf mich, ja Er hat sogar die Haare auf meinem Kopf gezählt. Ich werde Ihn nicht anklagen, dass hier etwas ganz schief geht. Ich lasse mich füllen mit Seiner Liebe und lasse Ihn mit meiner geringfügigen Hilfe das Beste daraus machen.

Ansonsten ging die Scheidung einschließlich der Regelung des Umgangs mit den Kindern reibungslos. Da Dorit die Mutter ist, fand ich weiterhin ein gemeinsames Sorgerecht mit mir als Alltagssorgender in Ordnung. Im Nachhinein gab es Situationen, wo unbedingt auch ihre Unterschrift als Sorgeberechtigte nötig war, aber das ließ sich alles irgendwie regeln.

Dorit ist dann nach der Scheidung 2012 nach Leipzig gezogen. Damit war die ursprüngliche Grundlage des Zusammenlebens im Herrenhaus mit der Familie Franck nicht mehr gegeben. Außerdem fand ich im Sommer 2013 übers Internet eine Freundin und so waren auch unsere Tage im Herrenhaus gezählt. Wir suchten uns für den Neuanfang in Wurzen eine Wohnung, auch weil Maxi nun hier aufs Gymnasium wechselte und die Musikschule in Wurzen ist. Das war auch für die Kinder eine gute Entscheidung. Friedrich konnte in Bennewitz die letzten 2 Jahre in seiner

Grundschulklasse bleiben und ist eben jeden Tag die 4 km über die Mulde geradelt. Aber er durfte dann schon ein Handy mit Notruftaste haben. Das war ein Ansporn.

Im April 2014 heirateten meine 3. Frau und ich. Ich war glücklich, nicht mehr einsam zu sein, sondern eine tolle Frau und ein neues Vorbild zu haben. Sie war in einer Pfingstgemeinde, hat manchmal gepredigt, Predigten übersetzt, war im Gebetsteam und konnte in Zungen reden, eine besondere Form des Gebetes in der Erfüllung mit dem Heiligen Geist. Mit dieser Frau wollte ich zusammen sein und mit jedem Schritt ihr und damit auch Gott näherkommen. Das lief auch ganz gut ein dreiviertel Jahr. Doch plötzlich ohne Vorwarnung hat sie sich bereits am Tag nach unserer Hochzeit total verändert. Sie hatte ihre Zunge nicht im Griff und das vergiftete zusehends die Beziehung.

Ihr jüngster Sohn hat dann ab August bei uns gewohnt und seine Lehre hier angefangen, die ich ihm besorgt hatte. Wir waren also eine Männergemeinschaft, nur meine Frau zog nicht zu uns.

Es gab einige schöne und wichtige Momente. So waren wir eine Woche mit dem Zelt auf einer Rüstzeit bei der Josua-Mission in Zagelsdorf. Dort gab es vor allem von einem Pfarrer viel gute Lehre zu seinem Steckenpferd, der Taufe im Heiligen Geist. Ich hatte auch ein Büchlein durchgearbeitet. Nach ein paar Tagen während der Abendveranstaltung stellte er die Frage, ob denn jemand im Raum sei, der diese Geisttaufe haben möchte. Ich hatte soweit alles verstanden, wollte mich sowieso geistlich entwickeln und fand, dass es jetzt für mich dran ist. Also meldete ich mich – das war eine Überwindung, aber ich wollte es wirklich. Es gab eine kurze Einführung und dann bat ich selbst darum, vom Heiligen Geist erfüllt zu werden. Ich habe nix gemerkt. Ein Leiter, der mit mir gebetet hatte, hat mich gefragt, ob ich etwas gemerkt habe. Halbdeprimiert musste ich verneinen. Er versicherte aber, dass es passiert ist und er es gesehen hat. Der Typ hatte viel Erfahrung und ich habe ihm erleichtert geglaubt. In vielen Bibelstellen ist die Erfüllung mit dem Heiligen gekoppelt mit dem Sprachengebet. Also nach der Taufe sprudelt es normalerweise in fremden Sprachen aus einem heraus. Ja, nur nicht bei mir. Beschwichtigend sagte der Leiter, dass es bei manchen doch auch ein wenig dauern kann, ich sollte es aber versuchen. So bin ich in die Nacht spazieren gegangen und habe zaghafte Versuche gemacht. Klar ist es komisch, irgendwas daherzureden. Und für einen Verstandesmenschen wie mich steht dieser eben genau im Weg. Ich habe also versucht, locker zu werden und dem Geist Raum zu geben. Denn bei diesem Beten in Zungen spricht mein Geist mit Gottes Geist – also muss der Verstand eben außen vor sein. Mit diesen ersten Worten, die ja irgendwie keine üblichen, bekannten Worte sind, starte ich auch heute noch in diese Gebetsform. Ja, ich mag es nicht, zu viel zu reden und erst recht nicht etwas, was ich selber nicht verstehe. Also mache ich es mir immer noch selber schwer. Aber ich bleib dran, denn ich weiß, dass mein Geist und ich durch dieses heilige Sprechen mit Gottes Geist gestärkt werden.

Inzwischen kenne ich einige Leute, die das Sprachengebet gut können. Die nächste Stufe ist dann, dass man andere Leute, die in Sprachen beten, tatsächlich versteht und der Gemeinde übersetzen kann. Auch da kenne ich Leute, auch ein Ehepaar, doch ich kann es noch nicht. Aber es wird noch. Einmal hatte ich einen albanischen Beifahrer im Auto. Als der telefonierte, hatte es wie mein Sprachengebet geklungen. Ich hätte es fast verstanden, als er telefoniert hatte mit seiner Familie in Albanien. Das hat mir jedenfalls Hoffnung gemacht, dass Sprachengebet auch zu verstehen ist.

Nun gab es ein Problem: Normalerweise kommt vor der Geistestaufe eine Wassertaufe. Aber was ist schon normal bei mir. Ich hatte von dem Pfarrer die Erlaubnis zur umgekehrten Reihenfolge. Somit wollte ich mich taufen lassen. Ich habe mich selber als ausgewachsener Erwachsener ganz bewusst für die Taufe entschieden. In der Pfingstgemeinde gab es im Oktober einen Termin. Ich wusste, dass unter der Bühne in der Gemeinde ein Taufbecken sein soll und so habe ich mich angemeldet. Eine Woche vorher kam dann die Ansage, dass wir uns dafür an einem See treffen. Ich wollte es mir fast anders überlegen, denn es war schon sehr kalt. Die Temperaturen waren im einstelligen Bereich. So wurde ich getauft. Der Moment unter Wasser war mir viel zu kurz. Dabei wird alle Sünde abgewaschen. Nicht, dass ich nun besonders viel verbrochen hatte, um stundenlang unter Wasser zu bleiben und völlig reingewaschen werden zu können, aber der Moment konnte so in dem Moment kaum zu Bewusstsein kommen. Trotzdem überwog und überwiegt die Freude über meine Erwachsenentaufe.

Die Probleme in der Beziehung zu meiner 3. Frau wurden dramatisch und so ging nach sehr kurzer Zeit meine dritte Ehe in die Brüche. Ich bin gar nicht stolz darauf, aber hoffe auf Gnade und Barmherzigkeit, denn es ist nicht gut, dass der Mensch allein ist. So hat es laut Bibel Gott selber gesagt und darauf Eva geschaffen.

Wir blieben also eine Männer-WG, denn ihr Sohn konnte, wollte und durfte weiterhin bei uns wohnen. Wir hatten ja mit ihm kein Problem. Und es hat ihm gutgetan, denn er ist bester Lehrling geworden und hat sich hier richtig gut entwickeln können. Ich vermute, er hat nur eine Vaterfigur gebraucht, die auch wirklich da ist. Und diese Rolle konnte ich gern übernehmen. Im Prinzip haben wir alle diese Sehnsucht und genau darin will oder kann uns Gott, der Vater, in jeder Sekunde Vorbild sein und selbst zur Seite stehen, wenn wir es nur wollen.

Friedrich hatte es nun auch auf das Gymnasium geschafft. Außerdem lief es mit beiden Jungs wunderbar in der Musikschule. Friedrich hatte weiterhin klassische Klavierausbildung und sich sehr gut entwickelt. 2016 hatte er eine Prüfung, die U/1. Das war spannend und wir bibberten, dass er alles gut spielt. Es gab nur einen minimalen Abzug und er absolvierte mit 1,1 - richtig dolle talentiert eben. Ich war wieder mal oder immer noch ein stolzer Vater und sehr dankbar.

Maxi hatte insgesamt 8 Jahre Schlagzeugunterricht. Danach kam die wirkliche Prüfung: das Zusammenspiel mit anderen in einer Band. Denn wir begannen in dieser Zeit, in der Gemeindeband mitzuspielen. Also fragte ich auch Friedrich, ob er mitspielen würde. Natürlich wusste ich, dass bei einer klassischen Klavierausbildung das Spielen nach Akkorden nicht gelehrt wird. Ich gab ihm dennoch das Gemeindelied: „So groß ist der Herr“ mit den entsprechenden Akkorden und nach nur 2 Tagen bereits konnte er es spielen. Er ist mindestens doppelt talentiert und willig und lernbereit oder sagt man einfach lernwillig?

Daraus ergab sich allerdings das Problem, dass er nun nicht mehr weiter klassischen Unterricht haben wollte. Es war ein längerer und tränenreicher Abschied von der guten Klavierlehrerin, die Friedrich in die Hände eines Jazzlehrers übergab. Es war genau richtig und schon bald räumte Friedrich auch bei Jazzwettbewerben ab. Inzwischen ist er 15 Jahre und auch in unserer Gemeindeband ein begehrter Klavierspieler, weil er so besonders musizieren kann.

Eines Tages kam Friedrich zu mir und zeigte mir seine Hand. Dort waren an 2 Fingern Auswüchse gewachsen, die ihn hauptsächlich beim Klavierspiel störten. Ich machte ein Bild und per WhatsApp diagnostizierte ein Kinderarzt, dass das Warzen sind und die rausgeschnitten werden sollten. Wir hatten für den kommenden Montag einen Termin. Am Abend beteten wir halbherzig und am Sonntagabend sollte Friedrich mir diese Hand noch mal zeigen. Da an dieser nichts zu sehen war, sagte ich zu ihm; Nein nicht die, sondern die andere Hand. Nein, es war die schon richtige Hand, nur waren die Warzen vollständig verschwunden. Darf man das dann noch als Gebetserhörung bezeichnen, wenn man so halbherzig gebetet hat? Man darf es in jedem Falle als Wunder bezeichnen. Sie waren da (ich habe auch ein Beweisfoto), aber am Sonntagabend waren sie weg und sind nie wiedergekommen. Wir sind so dankbar für dieses Wunder und glauben einmal mehr, dass für Gott nichts unmöglich ist und Er sich auch um die kleinen Dinge seiner Kinder kümmert.

Mit meines Jungs Maxi und Friedi haben wir all die Jahre viel erlebt. Ich bin froh und dankbar, dass wir bisher alles so gut meistern konnten und viel Hilfe von Gott und durch Ihn von lieben Mitmenschen erhalten haben. Eine Frau hatte letztes Jahr einen Eindruck: Sie hat uns als dreiblättriges Kleeblatt gesehen. Im ersten Moment dachte ich, dass es ja nichts besonderes ist. Jeder sucht ja lieber 4-blättrige Kleeblätter, da diese Glück bringen sollen. Unser Glück ist die Dreiblättrigkeit. Wir haben es beobachtet und tatsächlich: wenn wir etwas gemeinsam, zu dritt anpacken, dann wird es, dann ist es gesegnet und läuft, dann ist es wunderbar. Wir hatten zum Beispiel letztens einige große Baumstämme aus dem Weg zu räumen. Ich dachte, dass wir sie durchsägen müssen, um sie überhaupt bewegen zu können. Zu dritt haben wir es ganz einfach gemeistert und waren viel schneller fertig, als wir ursprünglich dachten. Es ist auch immer noch für mich ein Wunder, dass wir zusammen einen Garten gepachtet haben. Mit halbstarken Teenagern ist das schon ein Wagnis, dachte ich. Nicht dass es so wird, wie bei anderen Kids, die einen

Hund haben wollen und sich dann immer drum kümmern, also in der ersten Woche. Das habe ich von einigen anderen Eltern so gehört. Aber es klappt hervorragend. Maxi mäht immer wieder den Rasen, da hat er Spaß dran. Und mit Friedi kümmern wir uns um die Beete. Wir freuen uns über unsere selbstangebauten Erfolgserlebnisse.

Besonders gefreut hat mich die geistliche Entwicklung der Jungs. Wir beginnen fast jeden Tag mit Losung lesen und einem Morgengebet vor unserem gemeinsamen Frühstück. Am Abend lesen wir zum Abendgebet ein Stück aus der Bibel. Dabei hat jeder seine eigene Bibelübersetzung: Friedrich liest aus Luther, Maxi hat die Neues-Leben-Übersetzung und ich meine Schlachter-Bibel. Es ist interessant, die verschiedenen Übersetzungen so zu vergleichen. Und danach reflektieren wir den Tag (ohne es so zu bezeichnen) und danken Gott für seinen Segen, den wir geschenkt bekommen haben.

Maxi, der ältere Sohn, hat sich mit 14 Jahren in der Mulde taufen lassen. In seiner Erinnerung war es im Oktober, obwohl es der 24. Juni war – ja, es war ausgerechnet an dem Tag kalt wie im Oktober. Das spielt aber letzten Endes keine Rolle, denn er hat sich selbst für Jesus entschieden. Auch Friedrich hat das mit 14 Jahren getan und sich taufen lassen. Darauf bin ich sehr stolz. Sie sind beide auf einem guten - ja auf dem besten Weg. Ich bin sehr froh, dass sie sich trotz der Umstände so gut entwickelt haben.

Maxi zumindest hat große Pläne. Er hat seit seiner 3. Klasse im Fußballverein gespielt und 2019 zu American Football gewechselt. Es wäre völlig ungefährlich. Ich wusste nichts von dem Sport und es wurde auch monatelang anstrengend, sich mit Maxi zu unterhalten. Er sprach nur noch von Football und verwendete nur englische Begriffe. Es hat gedauert, bis ich das Spiel begriffen habe. Aber dass es nicht so ungefährlich ist, habe ich schnell gesehen, nämlich als ich ihn zum Probetraining brachte und die

Helme samt Shoulderpads sah. Rugby wäre sehr viel gefährlicher, weil man da ganz ohne Schutzkleidung spielt. Jedenfalls will er Football-Profi werden und nach Amerika gehen.

Als beide Jungs noch klein waren, haben wir grad am Herrenhaus viel Fußball gespielt. Maxi war ein sehr guter Tormann in unseren blauen Toren und Friedrich ein linkfüßiger Bombenschuss. Maxi ging ab der 3. Klasse zum Fußballtraining, Friedrich zum Basketball. Die Mannschaftserfahrungen sind wichtig, wie ich finde und bereits beschrieb. Zugehörigkeit, für andere einstehen, eigene Grenzen kennen und erweitern, Selbstvertrauen und Zuverlässigkeit sind Werte, die Kinder unbedingt lernen müssen, um gestandene Männer zu werden. Ich staune auch immer wieder, dass sie als sehr höfliche und hilfsbereite junge Männer mit Manieren bezeichnet werden, denn das freut einen Vater und in diesem Fällen konkret mich ganz besonders.

Am Anfang meiner Vaterkarriere habe ich noch relativ häufig gemeckert, wenn was nicht gut war oder nicht geklappt hat. Zum Glück durfte ich lernen, das Lob viel besser wirkt als Tadel. Es gilt auch nicht das altbekannte Motto: Nicht gemeckert ist genug gelobt. Und so habe ich das Meckern und Tadeln fast abschaffen können und vergebe Belobigungspunkte für das, was meine Jungs gut machen. Das erfordert etwas mehr Aufmerksamkeit, denn es können auch alltäglich-selbstverständliche Dinge sein, die einen Belobigungspunkt entstehen lassen. Unsere Listen haben 24 Punkte und wenn so eine Liste voll ist, dann kann derjenige sich etwas wünschen. Im Original dieser Methode macht man sich vorher aus, was bei einer vollen Liste passiert. Es sollten normalerweise gemeinsame Erlebnisse, gemeinsame Zeiten als Ziel vereinbart werden, aber es klappt auch ganz gut mit Wunscherfüllung.

Und wir hatten auch gute gemeinsame Erlebnisse: Viele Tages- oder Wochenendausflüge mit Museumsbesuchen, Radtouren, Kletter- oder Wanderpartien. Die Jungs waren auf Musicalfreizeiten und konnten sich da ausprobieren. Wir waren im Urlaub in Franken, in den Alpen in Bayern, an der polnischen Ostsee, auf Rügen, im Harz usw. Die beiden schönsten Urlaube waren nach meiner Jungs eine 500 km lange Radrundreise durch Holland und ein Urlaub in einem dänischen Ferienhaus mit Pool.

2019 gründeten wir unsere Band Kairos. Unser erstes gemeinsames Konzert mit insgesamt 5 Musikern war im Mai und wir hatten ein buntes Programm aus alten und neuen Lobpreisliedern vorbereitet. Es war sehr gelungen. Nach dem Konzert hatte ich schwer zu tun, noch nach Hause zu fahren, weil sich mein rechtes Bein entzündet hatte. Es war plötzlich bis zum Knie hoch knallerot und heiß. Man muss eben immer rauf der Hut sein, denn der Gegenspieler ist aktiv. Dem Teufel gefällt so etwas überhaupt nicht und so versucht er, Angriffspunkte zu finden. Ich hatte mir eine Woche zuvor aus Dumdideldei etwas auf meine Zehe fallen lassen und hab es nicht genug beachtet. Es tat nicht besonders weh und so winkte ich ab unter dem Motto: Das ist nichts weiter und wird schon wieder. Ich hätte es gleich ordentlich behandeln, aber vor allem Gott um Seine Hilfe bitten müssen. So habe ich mir selbst eine unschöne Quittung eingehandelt. Aber wie sagen alle Eltern immer wieder: Wer nicht hören kann, muss fühlen.

Wohl auch deshalb ist mein Status in den sozialen Netzwerken: Beim Lernen. Man lernt nie aus.

24. Weitere Entwicklungen

Im Herbst 2015 fragte mich mein Freund Frank vom Autohaus, ob wir auch hier in Wurzen einen Tesla zum Vermieten herstellen können und so den Leipziger Markt bedienen. Das sind die vollelektrischen Autos aus Kalifornien. Schnell wurde klar, dass es damit nicht getan ist. Es waren Preise zu kalkulieren und eine Webseite zu erstellen, damit es professionell laufen kann. Ja, da war ich doch mit meinen Talenten gerade der richtige Mann. Und vor allem war es genau der richtige Moment, dass ich im Autohaus einen neuen Minijob bekam, nachdem der am Herrenhaus weggefallen war. Ich wollte mir tatsächlich schon wieder einmal sinnloserweise Sorgen machen, dabei hatte Gott es schon lange so geplant. Das war wunderbar. Wieder einmal war ich froh und dankbar, auch über Gottes Versorgung. Gott ist unser Versorger und irgendwann werde ich auch ich lernen, Ihm voll und ganz zu vertrauen. Dabei ist es doch eigentlich so einfach.

Mit Frank bin ich immer enger zusammen gekommen. Wir besuchten gemeinsam mehrere Wochenendseminare für christliche Unternehmer. Diese wurden vom Brunnen veranstaltet - der christlichen Lebensgemeinschaft hier in Sachsen, die wir damals in Rumänien nachahmten. Nach einem solchen Wochenende beschlossen wir, nun öfter miteinander zu beten, und zwar am besten einen festen Termin jede Woche. Wir hatten keinen anderen gemeinsamen Termin gefunden und einigten uns auf Sonntag früh zwischen 7 und 8 Uhr. Es ist seitdem nur 2 mal ausgefallen, wenn einer wirklich kein Netz hatte. Seit vielen Monaten haben wir diese Zweierschaft. Wir tauschen uns aus über die Woche oder das, was bevorsteht. Ich lese die Losung zum Tag und Frank dann meistens einen Psalm aus der Bibel. Danach beten wir gemeinsam. Am Telefon. Ich bin mir sicher, das zählt als gemeinsames Gebet und das Gott mittendrin ist gemäß seines Versprechens: Wo zwei oder drei in meinem Namen versammelt sind, da bin ich mitten unter ihnen. Es tut jedenfalls gut und ich würde es jedem raten, auszuprobieren. Dass es bei uns so lange schon geklappt hat und läuft, ist nun auch wieder ein Segen.

Frank wurde mal gefragt, ob er auch für seine Mitarbeiter betet. Seine Antwort darauf war so einfach wie genial: „Ich trau mich nicht mehr, nicht für sie zu beten." Gebet bewirkt eine ganze Menge. Gott ist der Problemlöser, der einzig wahre. Denn er ist allwissend und so kennt er jede Lösung. So einfach, so logisch.

Gemeinsam haben wir eine Männergruppe mit anderen christlichen Unternehmern gegründet. Wir wollten Frauen nicht ausschließen, es hat sich eben so ergeben. Aber wir laden immer wieder den Heiligen Geist ausdrücklich ein, damit Er uns durch den jeweiligen Abend führe. Deshalb gibt es kein Programm für unsere Treffen. Wir wollten alle im Glauben weiterkommen und uns nicht damit abfinden, dass das schon alles ist. Wir wollen es ganz genau wissen, wie ein Leben mit Gott auch im Alltag funktioniert. Deshalb haben wir uns auch Thomasgruppe genannt. Thomas war der Jünger, der nicht dabei war, als Jesus nach der Auferstehung das erste Mal seinen Jüngern erschien. Warum war er denn nicht dabei? Er hatte was unternommen, war also Unternehmer, hat sich nicht versteckt wie die anderen. Und dann wollte er es ganz genau wissen und seine Finger in die Seite von Jesus legen, wo er verletzt wurde. Er hatte den Mut und doch bezeichneten alle ihn als ungläubig.

Wir in unserer Thomasgruppe wollen mehr, streben nach Fülle, nach „Mehr von Gott", nach Seinem sichtbaren Wirken in unserem Alltag, unseren Familien und unseren Firmen. Wir wollen im wahrsten Sinne des Wortes beGEISTert sein, damit wir weiter begeistern können. Das sehen wir als Aufgabe für christliche Unternehmer, unser Umfeld – und das sind nicht nur die Mitarbeiter, sondern auch die Geschäftspartner und unsere

Kunden – zu begeistern. Unsere gemeinsamen Abende werden wirklich vom Heiligen Geist geführt. Wir besprechen Themen, die plötzlich wie aus GEISTerhand da sind und oft erkennen wir auch gemeinsame Schritte: So haben wir uns am Anfang auf Übungen im Sorgenwerfen verständigt. Später haben wir an einem Abend erkannt, dass wir unsere Ruderboote, mit denen wir aus eigener Anstrengung versuchen, irgendwie vorwärts zu kommen (ohne zu sehen, wohin wir fahren) gegen Segelboote tauschen sollten. Ruderst Du noch oder segelst du schon? Der Heilige Geist ist der Wind, der uns triebt und noch dazu in die richtige Richtung. Wir selbst brauchen viel weniger Kraft als beim Rudern und kommen doch schneller und einfacher in die von Gott gewollte Richtung. Ich finde es sehr spannend, mit Gott unterwegs zu sein.

Ich durfte mit meinem Verlag nun schon mehrere Biografien von gestandenen Christen bearbeiten. Es sind Vorbilder, die das schon erlebt haben, was wir mit der im Voraus beschriebenen Thomasgruppe gern erreichen würden: Die Vollmacht übernehmen, die wir durch Christus haben. Das bedeutet nicht unbedingt, dass wir jetzt jeden Tag 10 Leute heilen wollen, aber wenn es Gottes Wille ist, dann spielen wir Sein Werkzeug gern.

So hat Frank mich eines Freitagabends angerufen und erzählt, was an dem Abend los war. Für Autohändler ist der Freitagabend immer schon volles Programm. Da kamen zwei verschiedenen Kunden, die ohne Ankündigung mehr als 100 km Anreise hatten und jeweils für einen 5-stelligen Betrag ein Auto kauften. Frank lamentierte ein wenig, ob die sich nicht anmelden können, weil ja Freitagabend sowieso so ein Stress in der Firma ist. Ohne überheblich klingen zu wollen, sagte ich ihm, dass ich nicht mehr beten brauche. Ich hatte diese Woche mehrmals dafür gebetet, dass endlich mindestens 2 Fahrzeuge zu einem fünfstelligen Preis verkauft werden, die schon länger dort rumstanden. Ich habe es nicht gemacht, ich hatte es nur dem Herrn nahegelegt, einzugreifen und Er hat es getan. „Nee, nee, mach nur weiter.“ Wir freuten uns und dankten Gott dafür. Das war so großartig.

2018 dachte ich, es wäre an der Zeit, meine eigene Biografie zu schreiben. Ich hatte auch in Vorträgen bei den Veranstaltungen von „Christen im Beruf“ und anderen Vereinen viele Geschichten gehört und erkannte meine eigene als sehr ermutigend. Noch bevor ich damit anfangen konnte, habe ich allerdings einen anderen Auftrag bekommen. Es war bei einem Spaziergang durch den Wurzener Stadtpark, als ich plötzlich den Gedanken hatte, eine Biografie von Jesus schreiben zu sollen. Ich wusste, dass das nicht mein Gedanke war, sondern ein Auftrag von ganz oben. Ich kann nicht sagen, dass ich direkt eine Stimme dazu hörte, aber ich war und bin mir sicher, dass es ein direkter Auftrag Gottes war. Wenn Gott alles im Griff hat, dann schenkt Er auch die Gedanken und der war sicher von Ihm. Also was sollte ich nun tun? Lieber doch erst mal meine Biografie schreiben? Da könnte ich mich als Autor noch ein wenig ausprobieren und so. Nein, das war eine deutliche Anweisung und da musste ich mich dran halten. So hab ich drauf losgeschrieben und nach ein paar Monaten schon war das Manuskript fertig. Mein Freund Hanno Herzler hat es in wunderbarer Weise eingelesen und da war das Hörbuch fertig. Kurz danach kümmerte ich mich darum und lernte, wie das Buchverlegen geht. Und ich musste und wollte auch lernen, wie man ein E-Book erstellt. Ja, hat auch geklappt und nun gibt es bereits einige Bücher und E-Books, die ich mit meinem Verlag martonius verlegt habe. Danach habe ich mit meiner Biografie angefangen und bis jetzt zu diesem Punkt gebracht, dass es nun als Buch vorliegt in diesem Moment, wo es gelesen wird, der allerdings in diesem Moment, wo es geschrieben wird, noch in der Zukunft liegt. Das ist spannend.

Meine Söhne wurden älter und auch wenn ich mich 12 Jahre mehr oder weniger gewehrt hatte, so wurde es doch Zeit, ihnen Rumänien und unsere Wirkungsstätten zu zeigen. Ich ging mit gemischten Gefühlen auf diese Reise. Unseren ersten Stopp hatten wir für ein paar Tage am Balaton – zur ungarischen Einstimmung. Und tatsächlich habe ich dort gleich wieder angefangen, in ungarisch zu denken. Und ich habe mir Gedanken gemacht, wie wohl die Treffen mit den Bekannten und mit ehemaligen Jugendlichen oder auch Mitarbeitern werden wird. Ich war immer noch sauer wegen der Abfuhr, die wir beim Verkauf meiner alten Firma bekommen hatten. Aber Gott konnte eingreifen und brachte mich auf den Gedanken, dass es ja vielleicht Sein Plan war, dass es so gelaufen ist, um noch Schlimmeres zu verhindern. Ich erkannte dort am Balaton, dass es sehr unsicher gewesen wäre, die Firma weiterzuführen und es unweigerlich zum Kollaps geführt hätte, der dann für mich als Verantwortlichen richtig ungemütlich und vermutlich sehr teuer geworden wäre. So konnte ich noch vor meinem Eintreffen in Rumänien entlastet und versöhnt werden – welch eine Gnade. Damit war die Zeit in Rumänien mit Maxi und Friedi eine sehr gute und es war genau der richtige Zeitpunkt. Wir konnten bei Joco und seiner Familie wohnen, auch unsere Haushälfte ansehen. Wir haben die Projekte gesehen und sogar auch meine alte Firma Rollotec besucht. Ein kleines Gottesgeschenk war es, dass ich den Käufer und neuen Eigentümer nicht treffen musste, denn der war nicht da. Aber das eigentliche Geschenk waren über meinen Besuch hocherfreute und herzliche, ehemalige Mitarbeiter. Sie sagten zum Beispiel zu mir: „Auch wenn es damals eher nervig war, jeden Tag eine Sitzung zu haben, aber jetzt fehlt es und sie würden gerne alle pünktlich kommen, wenn es nur doch wieder solche Sitzungen gäbe." Ich war jedenfalls sehr froh, dass es meine Jungs erleben durften und dass wir willkommen waren. Und ich erkannte, dass ich mich sinnloserweise 12 Jahre mit einer Last durch falsche Vorwürfe selbst belastet hatte.

Im Jahr 2019 habe ich gespürt und erkannt, dass Gott uns dann besonders gerne hilft, wenn wir gute Entscheidungen treffen – meist die schon lange überfälligen. Ich entscheid mich im Frühjahr, nun mal endlich abzunehmen. Gleichzeitig wollte ich auch die Schmerzmittel, die ich immer noch nahm, loswerden. Von heute auf morgen. Ich hatte mich entscheiden und ich hatte keinerlei Probleme - ich nahm keine Schmerzmittel mehr und hatte in wenigen Monaten 25 kg abgenommen. Außerdem hatten sich gleich in der Woche meiner Entscheidung Türen aufgetan, die schon lange verschlossen waren. Ich habe es immer wieder erlebt, dass sich Gott zu meinen Entscheidungen stellt und mir dann ganz besonders hilft. Ich sehe da einen wichtigen Zusammenhang – schließlich ist Gott die Kraft in meiner Schwachheit. Ich darf mich auf Ihn verlassen, denn Er ist der gute Hirte, der mich auf die grünen Auen und zum frischen Wasser führt, wie es im Psalm 23 beschrieben ist. Mir wird nichts mangeln, wenn ich auf Gott und Seine Führung vertraue.

Nachdem das Herrenhaus neue Besitzer bekam, mietete ich das Studio dort. Es ist knapp 5 km von unserem Wohnort entfernt. Wir wohnen über einem Laden, der seit über 2 Jahren leer stand. Es kamen immer wieder Interessenten, aber nie wurde etwas draus. Eines Mittwochabends im Dezember 2019 fand ich beim Nachhausekommen einen Zettel im Briefkasten, dass am nächsten Morgen (!) Bauarbeiten auf der Straße beginnen und der Zugang eingeschränkt werden könnte. Also bin ich Donnerstag früh halb acht raus und ja, das waren die Bauarbeiter schon da. Ich sagte Ihnen, dass ich jetzt erst mal los muss und dann bis Mittag die anderen Autos aus dem Grundstück fahre. Sie allerdings bestanden darauf, dass ich das gleich machen muss. Eine Stunde später war keine Einfahrt mehr da. Es sollte ein Fußgängerüberweg gebaut werden, schnell noch vor Weihnachten, weil die Stadt noch Geld übrig hat. Ich fand das sinnlos und überhaupt haben mich die Art und Weise und meine Einschränkungen aufgeregt. Tatsächlich war bis Jahresende die alte Pflasterstraße weg, der Fußgängerüberweg angelegt und frischer Bitumen auf der Straße.

Im Februar 2020 kam wieder ein Schwung Interessierter, die den Laden unter uns mieten wollten. Eines Sonntags dann sah ich eine neue Anzeige im Ladenschaufenster und einen Mietpreis dazu: Der Laden war mit Lagerflächen doppelt so groß wie mein Tonstudio und die Miete trotzdem weniger. Also habe ich meinen Vermieter informiert, dass wir Interesse haben. Und plötzlich machten die Straßenbauarbeiten vom Dezember einen Sinn, denn eine verkehrsberuhigte Asphaltdecke vor dem Studio ist wesentlich besser als die alte Pflasterstraße. Gott hatte das schon lange im Blick, nur ich hatte mich wiedermal sinnlos aufgeregt. Eine Woche später waren die Schulen das erste Mal geschlossen, aber wir hatten bereits das alte Studio beräumt und meine Jungs haben mit mir das neue Studio gebaut. Das war ein schönes, gemeinsames Projekt in dieser Zeit der Komischkeiten. Es war und ist herrlich.

Beim Planen des Umbaus wusste ich irgendwie, dass wir es so bauen sollten, dass man auch Videos drin filmen kann. Kurz nach Fertigstellung des Raumes kamen die ersten Anfragen für Videoaufnahmen – das ist so großartig! So läuft es, wenn man die von Gott vorbereiteten Wege geht – da bin ich froh-freudig und dankbar.

Wie es am Buchcover zu erkennen ist, mag ich Einzelbäume. Ich habe auch einen Lieblingsbaum, es ist Carpinus betulus – das klingt schon schön. Ja genau, es ist die Hainbuche. Später habe ich festgestellt, dass es nach dem keltischen Baumkreis wirklich mein Baum ist – eine nette Bestätigung. Ich liebe Einzelbäume, weil ich mir oft auch so vorkomme:

Man steht allein in der Gegend rum, hat viele kleine Dinge zu tun, hilft anderen, spendet Schatten, ist fest verwurzelt und kann mit den Stürmen des Lebens umgehen, hat sich behauptet. Aber das Wichtigste ist, dass es Gottes wunderbare Geschöpfe sind und Sein Geist darinnen wohnt. Denn Er sprach und es wurde. Ohne dem ausgesprochenen Gedanken wurde und wird nichts. Und Ideen sind prinzipiell und grundlegend Gottes Eigentum, wir sind höchstens Co-Schöpfer.

Ich bin doch kein Zufall – das ist mein Glaubenssatz über mich, über die Menschen, die gesamte Natur und vor allem über Gott. Ihm hat es sicherlich Spaß gemacht, das ganze Universum genau so zu initiieren wie es jetzt ist. Inzwischen im 21. Jahrhundert werden immer mehr Naturgesetze entdeckt und erkannt. Dabei muss sich die Natur komischerweise selbst an diese Gesetze halten. Selbst Wissenschaftler sind verblüfft über die Naturkonstanten, die einfach da sind und an die sich jeder halten muss. So ist zum Beispiel die Elektronenladung überall gleich: 1,602 mal 10 hoch -19 Amperesekunden. Und mit überall meine ich überall. Jedes Elektron im ganzen Universum hat ganz genau dieselbe Ladung, es gibt keine einzige Abweichung. Wie wichtig ist nun die Genauigkeit dieses Wertes für das Leben auf der Erde ist? Eine minimale Abweichung würde sofort alles zusammenfallen lassen. Das Ende allen Lebens auf der Erde. Ein britischer Wissenschaftler hat mal versucht, die für das Leben notwendige Genauigkeit dieser Elektronenladung und der Naturkonstanten überhaupt anschaulich zu machen. Er nahm einen Sportschützen, der ein 1 cm großes Ziel treffen soll. Gut, das ist nicht so schwer, wenn die Entfernung stimmt. Auf 10 oder 100 m Entfernung machbar, auf 1 km schon schwierig, auf dem Mond ganz schwierig und das Ziel soweit wie die Sonne entfernt – klingt schon mal unmöglich. Die richtige Entfernung, um die Genauigkeit der Naturkonstanten darzustellen, ist unvorstellbar: Das 1 cm große Ziel müsste am Ende des Universums in 10000 Millionen

Lichtjahren Entfernung getroffen werden. Das ist die beeindruckende Größe Gottes. Ich bin dankbar, dass ich Ihn kenne und vor allem, dass Er mich viel besser kennt und liebt und bereits alles für mich getan hat.

Ich bin doch kein Zufall. Und ich hoffe, wünsche und weiß, dass es alle Menschen eines Tages verstehen werden.

Warum mir alle Dinge zum Besten dienen.

ERLEBT!

Beeindruckende Lebenswege

Jede einzelne Lebens- und Glaubensgeschichte ist spannend und beeindruckend, jede ist einmalig. Oft sind es ermutigende Biografien und zeigen den Umgang mit Herausforderungen des Lebens.

Wollen Sie Ihre Geschichte erzählen und zu Papier oder auf CD bringen, damit andere ermutigt oder auch inspiriert werden können und sie etwas auf dieser Erde hinterlassen?

Schreiben oder vertonen Sie Ihre Geschichte!

Gerne nehmen wir auch Ihre Lebens- oder Glaubensgeschichte auf. Wenn Sie also schon immer mal ein Buch schreiben wollten, aber weder genügend Zeit noch Geld haben, können Sie mit unserer Unterstützung all das, was Sie der Welt sagen wollen, in einem Hörbuch machen.

Das ist günstiger als ein Buch zu schreiben und Sie hinterlassen dauerhaft Eindruck und Ermutigung.

Wir haben auch bereits einige Bücher verlegt. Dabei übernehmen wir gerne auch das Lektorat, die Covergestaltung, das Layout und den Satz.

Über einen unserer Distribuitionspartner können wir Bücher, Ebooks und Hörbuchdownloads einem breiten Publikum auf vielen verschiedenen Plattformen wie Bücher.de, Audible, Spotify, YouTube Music, Apple Music und Apple Books, Tolino, Amazon, Audioteka, Bookbeat, Napster, Deezer, Skoobe, Findaway, Nextory, Storytel usw. anbieten.

Sehen Sie hier einige Beispiele unserer Arbeit für und mit Autoren:

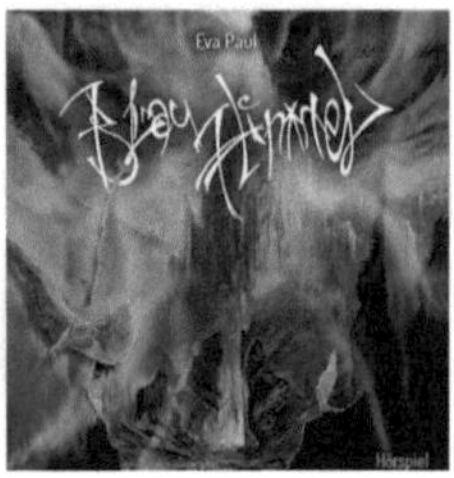

Für 2-3 Titel dauern die Gesangs- oder auch Instrumentalaufnahmen mit Mix je nach Fertigkeiten 2 bis 3 Stunden. Karaoketitel möglichst mitbringen.

Karaoke-, Geschenk-CD 99 €

Wir sind speziell und eigenartig: mit unserem Anspruch an uns und unsere Studiogäste, leidenschaftlich zu sein, mit unserer Geduld und unserem Herzblut für Ihr Vorhaben, mit unserer professionellen Technik, dem „Studiowohnzimmer" und unseren Erfahrungen sowie mit unserem Glauben an die Menschen und ihre Talente.

Vertone Leidenschaft!

Für Bandaufnahmen oder Solokünstler, Demo oder Album: einen ganzen Tag lang das Studio als Band oder Solist nutzen - oder gern auch länger

Tagespreis (8h) 249 €

Natürlich können Sie auch Studiozeit und damit Freude verschenken - mit einem Gutschein fürs marTONstudio, der auf alle Produkte anrechenbar ist.

Gutschein 99 €

Das marTONstudio ist mit mehreren 4K-Kameras, einem ATEM Mini Pro- Videomischpult mit bis zu 4 Video-Kanälen und entsprechender Beleuchtung für Ihre Videoproduktion oder auch Lifestreaming über Zoom, Youtube und andere Kanäle ausgestattet.
Wir nehmen Ihre Präsentationen oder Vorträge in hoher Studioqualität auf und streamen Lifeveranstaltungen wie Schulungen oder Webinare aus unserem Studio. Kontaktieren Sie uns. Gern erstellen wir Ihnen ein passendes Angebot.

Videoaufnahmen, YouTube, Zoom, Streaming ab 99 € / Stunde